児玉誉士夫 黒幕の昭和史

大下英治

宝島
SUGOI
文庫

宝島社

まえがき

昭和最大の黒幕として、政界や経済界に絶大な影響力を誇った児玉誉士夫に近年大きな注目が集まっている。

昭和五十九年（一九八四年）一月十七日に七十二歳で児玉が亡くなってから、すでに四十年以上もの歳月が過ぎている。

しかし、今も彼をめぐる話題が尽きることはない。むしろ、昭和史についての研究が進み、これまで解明が進んでいなかった史実が明らかになるにつれて、彼についてのさまざまな真実が発掘され続けている。

そして、そのことは、わたしにとっては、児玉を中心として戦後の日本に張り巡らされた政財界やアウトローなどの闇の世界のネットワークがいかに深く、強固なものだったかを確信させるものとなっている。

令和六年三月三十日には、ＮＨＫスペシャルの『未解決事件』で、戦後最大の未解決事件と言われる『下山事件』の特集が組まれ、実録ドラマとドキュメンタリーの二部構成で放送された。実録ドラマパートで事件の主任検事である布施健役を務めた森山未来の熱演ぶりもあり、その放送はおおいに話題を呼んだ。

わたし自身も、『未解決事件』シリーズを視聴するのが好きで、『下山事件』の回より数年前に『ロッキード事件』をテーマにした回が制作された際には、「児玉誉士夫について教えてほしい」と制作スタッフから請われて、数時間のインタビューに協力したこともあった。今回の放送にも強く惹きつけられた。

下山事件は、昭和二十四年（一九四九年）七月五日の朝、国鉄総裁の下山定則が出勤途中の午前九時半過ぎに日本橋にある三越に立ち寄った直後に失踪し、翌日の六日の未明に足立区五反野の東武伊勢崎線高架下の国鉄常磐線の下り線路上で、轢死体で発見された事件である。

遺体発見前後から現場に雨が降り、遺留品などが流されてしまったために事件の捜査は難航。下山総裁の死因については、自殺説と他殺説が入り乱れ、事件の不可解さと関心の高さから、マスコミも競ってスクープ合戦に明け暮れた。

政治的な思惑から他殺説に立っていたGHQ（連合国軍最高司令官総司令部）や、その意向に従わざるをえなかった当時の日本政府は、捜査に当たる警視庁に対して、下山事件を自殺ではなく、他殺による殺人事件として捜査をするように圧力をかけたとまで言われている。

しかし、警視庁の捜査本部は、そのような圧力に屈せずに、捜査一課の捜査によって、自殺との捜査結果を公表しようとした。

だが、公表直前で死因の公表は中止に追い込まれた。背景にはＧＨＱの参謀第二部の公安課の強い意向があったという。

その後は、主に捜査二課二係が他殺説の線で捜査を継続したが、進展はまったくみられなかった。そのため、公式の捜査結果を発表することもなく捜査本部は解散、警察での捜査は打ち切られた。

警視庁から捜査資料を引き継いだ検察庁は、その後も他殺の線で捜査を続けたが、未解決のままで、事件発生から十五年後の一九六四年（昭和三十九年）七月六日に殺人事件としての公訴時効が成立した。

下山事件の発生当時、国鉄をめぐる不審な事件が連続した。下山事件から約一カ月の間に三鷹事件と松川事件が相次いで発生し、いずれも、人員整理に反対する国鉄労組の犯行という観点から捜査がされたが、全容は解明されていない。

ＮＨＫスペシャルの『未解決事件』では、捜査の全容を記録したとされる極秘資料を入手し、事件の核心にじょじょに迫っていく。

下山総裁が亡くなった昭和二十四年当時、敗戦からまだ日の浅い日本は連合国軍の占領下にあった。国鉄職員十万人の大量解雇をめぐり、労働組合と経営側では連日議論が交わされ、下山総裁の責任は厳しく追及されていた。そのなかで突然起きた国鉄トップの不可解な死のニュースは、大きな衝撃であった。

下山事件が起きた当時は、戦後の世界を二分する超大国のアメリカ合衆国とソビエト連邦の覇権争いが激化しつつあった。

ソビエト連邦が核実験を成功させ、共産主義勢力の拡大を目指すなかで、それを脅威に感じていたアメリカは、日本を「反共の砦」にしようと様々な工作を始めていた。

いわば当時の日本は、アメリカとソビエト連邦がその思惑を剝き出しにして、水面下で争う前線であり、下山総裁の死はその渦中の出来事だったのだ。

番組では、極秘資料を基《もと》に、朝鮮半島出身でソビエト連邦とパイプを持つ李中煥がGHQの課報機関のキャノン機関の二重スパイとして動いていたことを明らかにしつつ、当時の日本がいかにアメリカによる反共工作の舞台であったのかを暴いている。

さらに私にとって、もっとも興味深かったのが当時の反共工作の実態に迫っていた読売新聞記者の鑓水《やりみず》徹の証言が明らかにされる場面だった。

鑓水は、当時、下山事件の背景に、アメリカの諜報機関が反共工作の一環として、ソ連や共産主義者による事件であったかのように印象づける策謀をおこなったと確信している。しかも、鑓水が確信に至った情報源というのがなんと、児玉誉士夫だったというのだ。

当時の児玉は、A級戦犯として収容された巣鴨プリズンから釈放されたばかりだったが、すでにアメリカとの間に一定の関係を築き上げていたのだろう。

番組では、鑓水記者が取材源の児玉からある情報を得ていたことが息子の口から明らかにされる。児玉が下山殺害の真相を鑓水記者に語っていたというのだ。

鑓水記者の息子の洋氏は次のように語っている。

「親父が生きていた時代は、あまり大きな声では言えなかったとは思うんですけれども、息子の僕たちには『あれは米軍の力による殺人だ』と断言しておりました」

さらに、そのアメリカの思惑には、ある有事がからんでいたという。洋氏はさらに語っている。

「朝鮮戦争が起きるというか、起こすのが前提でアメリカ側は準備をしていて、その当時、日本国有鉄道になったばかりの国鉄を、アメリカの自由に使う必要があったということで、どうも下山総裁の方に圧力がかかったという話だったです。

それに対して抵抗する姿勢を下山総裁は見せたそうなんですね。そのために（下山総裁は）やられたというのを親父はこと細かに話をしていました」

実際に、下山総裁が死んだ後、国鉄の十万人の人員整理は大きな抵抗もなく完了し、昭和二十五年の六月から始まった朝鮮戦争で、国鉄は直後から軍事物資や兵士の輸送などに協力。その車両の数は二週間で一万二〇〇〇両を突破し、国鉄の軍事輸送史上最高を記録している。

のちの歴史を見ると、下山総裁の死が、いかにアメリカにとって都合の良い出来事だったことがわかるのだ。

児玉が下山総裁の死にどのくらい具体的に関わっていたのかはわからない。

しかし、その後の児玉の歩みを見れば、児玉が一貫してアメリカのＣＩＡの意向を酌み、韓国との関係強化に一役買うなど、日本を反共の砦にしようと動いていたことは明らかである。

令和四年七月八日、安倍晋三元総理は、奈良県の近鉄大和西大寺駅前でおこなっていた参院選の遊説のさなか、凶弾によって倒れた。

事件が起きたのは、安倍が演説を開始して、数分しか経っていない午前十一時三十一分過ぎだった。

「彼（佐藤）はできない理由を考えるのではなく…」

安倍がそう語った直後、爆発音があがった。斜め後ろから演壇に近づいてきた男がたすきがけの黒いカバンから、筒状の銃身を粘着テープで巻いた手製の拳銃を取り出して、安倍に向けて発砲したのだ。

この一発目の時点での安倍と男の距離は約七メートル。一発目は誰にも当たらなかったが、爆破音のような大きな音とともに白煙が上がり、安倍は音のした左後方を振り返った。

男は一発目の発射から二・七秒後、さらに二メートルほど安倍に近づいた位置から、二発目を発射した。二発目の銃弾は、安倍の首の右前部と左上腕部に着弾。安倍はその場に倒れ込んだ。

二発目が命中したことで、心肺停止状態となった安倍は、現場に居合わせた看護師らに救命措置を施された。

その後、救急車に収容され、ドクターヘリの着陸先である平城宮跡歴史公園に向かった。十二時九分にドクターヘリに収容されると、十二時二十分、橿原市内にある奈良県立医科大学附属病院高度救命救急センターへ搬送された。

しかし、懸命の治療にもかかわらず、安倍は助からなかった。

午後四時五十五分、一報を受けて東京都渋谷区富ヶ谷の自宅を出た昭恵夫人が病院に到着した。昭恵夫人は、病院側から安倍元総理の容態の説明を受けて、蘇生措置を中止することを承諾した。

七月九日に奈良県警によって公表された司法解剖の結果では、安倍の死因は失血死であり、左上腕部が狙撃され、左右の鎖骨下動脈を損傷したことが致命傷となったという。


七年八カ月という長期政権を築きあげた安倍は、後任の菅義偉政権や岸田文雄政権にも強い影響力を発揮していた。

その安倍がなぜ突然の悲劇に見舞われることになったのか。

安倍を撃った容疑者の山上徹也は、奈良市に在住する四十一歳の無職だった。

山上が安倍を狙った理由は、安倍が宗教団体の旧統一教会（現・世界平和統一家庭連合）と関わりを持っていたことだった。

令和三年九月十二日、韓国のソウル近郊にある清平でおこなわれた旧統一教会の関連団体ＵＰＦ（天宙平和連合）などが主催したオンライン年次大会「ＴＨＩ

NK TANK 2022 希望前進大会」に安倍はビデオメッセージを寄せ、会員たちに向けて語っていた。

「今日にいたるまでUPFとともに世界各地の紛争の解決、とりわけ朝鮮半島の平和的統一に向けて努力されてきた韓鶴子総裁をはじめ、みなさまに敬意を表します。UPFの平和ビジョンにおいて家庭の価値を強調する点を高く評価いたします」

旧統一教会に多額の献金をおこなう熱心な信者を母親に持つ山上は、大学への進学を断念するなど、若い頃から教団の存在に苦しみ続けていた。

教団への恨みを募らせていた山上は、教団の活動を賞賛する安倍のビデオメッセージを目にして、攻撃の対象を安倍に向けたという。

安倍と旧統一教会の関わりは、一代に限られたものではない。安倍の祖父である岸信介元総理の頃にまで遡る長い因縁があった。

昭和二十九年に韓国で教祖の文鮮明によって、活動を開始した統一教会は、昭和三十三年頃から日本でも活動を開始。

昭和三十九年に宗教法人として認証されると、久保木修己が日本の初代会長に就任している。その年の十一月、日本の統一教会は、渋谷区南平台にある岸信介の邸宅の隣に本部を移転。以降、岸は、盟友の笹川良一との縁もあり、教団と深い関係を築いていく。

昭和四十二年六月には、山梨県の本栖湖畔で日韓両国の「反共首脳会議」が開催された。この会議には、日本側からは、笹川良一、児玉誉士夫の代理人、韓国側からは文鮮明らが集まり、反共団体をつくることで合意した。

翌四十三年、笹川を名誉会長、統一教会の久保木を会長として、政治団体の国際勝共連合が発足する。

反共意識が強く、安保改定時に自らを辞職に追い込んだ左翼勢力に対して批判的だった岸は、昭和四十五年には勝共連合の本部を兼ねる統一教会の本部に出向き、若者たちを激励している。

さらに昭和四十九年五月七日には、文鮮明を囲んだ晩餐会を帝国ホテルで自ら実行委員長として開催する。晩餐会には、娘婿である安倍晋太郎や、当時、大蔵大臣だった福田赳夫も出席した。

岸信介や安倍晋太郎は統一教会と深い関係を築いたが、平成五年に初当選した安倍晋三は、当初距離を置いていたという。

だが、民主党政権が誕生し、自民党が下野をして以降、政権復帰を目指すなかで、急速に近づいていったという。

令和四年の参院選でも比例区に出馬した井上義行が統一教会の強い支援を受けて、三年ぶりの国政復帰を果たしている。その井上は、第一次安倍政権で政務の総理秘書官を務めるなど、安倍に近い政治家のひとりであった。

山上による安倍の暗殺事件も、児玉誉士夫や安倍の祖父である岸信介など、戦後の日本に大きな力を持った反共人脈に関連する事件だったと言えるだろう。

令和七年（二〇二五年）は、昭和四十年（一九六五年）に制定された日韓基本条約から五十年の節目にあたる。

児玉は、この日韓基本条約の裏でも最終段階で露払い役として動いている。

昭和三十七年、日韓交渉が難航するなかで、韓国の朴正煕大統領の側近の金鍾泌KCIA部長は日本に派遣され、大平正芳外務大臣と会談をおこなう。

その結果、懸案だった日本からの経済協力資金が「無償三億ドル、有償二億ドル、民間協力資金一億ドル以上」で決着し、いわゆる「金・大平メモ」が交わされる。韓国はこのメモが実行されるかどうかに不安を抱き、当時の自民党の実力者で児玉と昵懇の間柄だった大野伴睦副総裁を韓国に招待し、朴正煕との間で確約させようと試みる。

その最終局面で動いたのが児玉であった。

児玉はこの年の十二月、ソウルの金浦空港に降り立ち、金鍾泌と話し合いをおこない、夕食も共にしている。

その後、大野がソウルに足を運び、児玉にほだされたのか、金浦空港で「わたしは両国親善の橋渡しになるため訪韓した」とのメッセージを読み上げた。

大野と朴正熙との会談では池田勇人総理の親書が手渡され、交渉締結のムードが一気に高まり、のちの条約締結へと繋がっている。


令和の時代に至っても、様々な事件や出来事にその足跡を残している児玉誉士夫とは何者だったのか。

会津藩と共に戊辰戦争に敗れた福島・二本松藩士の末裔に生まれた早熟な反逆児は、七歳で母を失い、義姉のいた朝鮮に渡る。弟は養子に出されて、父親は日本に帰国したが、その後、関東大震災に遭い、亡くなっている。孤独な児玉は、半島と日本を行き来しながら、最底辺の労働者として数々の辛酸を戦前に嘗めている。

昭和恐慌における東北の飢餓の惨状と、自身の置かれた立場を考えれば、昭和天皇に直訴し、不敬罪で逮捕される右翼青年は、本来、左翼運動に身を投じてもおかしくはなかったはずである。

そうした殉国の青年が、戦後日本の政財界のフィクサーとして辣腕を発揮し、一九六〇年のアイゼンハワー米国大統領の来日反対に胎動した怒れる若者たちの安保闘争の阻止に動いた。

これは、安倍晋三元総理の祖父にあたる岸信介自民党政権に対して、児玉の大きな〝貸し〟となる。

児玉は、複数の顔を持つ。戦後はＡ級戦犯からＣＩＡのエージェントにのし上がり、日韓交渉の密使として国際人脈を築く。

晩年には、時の最高権力者・田中角栄の刎頸《ふんけい》の友であり、全日空、日本航空の大株主でもあった国際興業社主の小佐野賢治との蜜月関係から、ついには「ロッキード事件の陰の主役」となる。

わたしが作家としてさまざまな事件を追及していくと、ほとんどといっていいほど最後に突き当たる人物、それが右翼の大立者・児玉誉士夫であった。

政財界、芸能界、マスコミ、右翼、総会屋、ヤクザなどの闇社会に至るまで、ありとあらゆる世界で、児玉の名前が出てきた。そして、多くの人が囁いた。

「事件の陰に、児玉あり」

しかし、深く迫っていけばいくほど、まるで深い闇の中を覗き込んでいるような気持ちになる。

児玉は、戦後まもなく、鳩山一郎の自由党に、戦前の上海「児玉機関」の膨大な残り金や、ダイヤモンドを提供している。

あるいは、一九六〇年の安保改定反対騒乱前夜の「帝国ホテル光琳の間密約事件」にも確実に絡んでいる。岸信介が、国難を乗り切るため、大野伴睦、河野一郎と「次の総理は、大野。その次は、河野」と密約し、念書までつくったという事件である。大野、河野ら党人派をバックアップしていた児玉は、その密約の立会人であった。

児玉にとっての転機は、ヤクザの稲川会会長・稲川聖城と繋がったことであろう。稲川は、「革命前夜」とさえ呼ばれた「六〇年安保」騒動の際に、左翼デモ隊の鎮圧に協力する。

「俺たちは、常日頃、ムダ飯を食っている人間だ。少しでも国のために役立つことができるなら、手銭、手弁当でも協力しなくてはならない」

アイゼンハワー米大統領の来日に備え、戦闘服、ヘルメットを五千人分買い揃える。一万人を動員する準備さえしていた。

結局、アイゼンハワーは訪日を取りやめた。その直後、稲川はある噂を耳にする。アイゼンハワー大統領の来日に備えて、自民党安全保障委員会が用意していた六億円のカネを、児玉が自分の懐に入れてしまった、というものである。稲川は怒り、単身、児玉邸へと乗り込んだ。

児玉は稲川とサシで会い、きっぱりと言う。

「わたしは、自民党に貸しはあっても、借りはない!」

これを境に、稲川は、「心の親」として児玉のことを「オヤジ」と呼び、慕うようになっていく。

児玉は、稲川と知り合うことで、全国の任侠団体を大同団結させ「東亜同友会」を結成し、左翼と対決しようとする。政治的にも力を持とうとする。が、児玉の計画は、関西の山口組と反山口組として戦っていた本多会の反対により、挫折し、稲川会をはじめとする関東の博徒七団体で、「関東会」を結成する。

児玉と稲川の繋がりは、両者にとって、その存在をより巨《おお》きくするものでもあった。

児玉は、その「関東会」の力をバックに密約を破り、池田勇人、佐藤栄作を総理にした自民党に対して、河野一郎を総理にしようと動くが、失敗に終わる。

一方、児玉は、「東洋精糖事件」をはじめとする横井英樹のような乗っ取り屋が蠢く数々の経済事件では、大物フィクサーとして暗躍している。

歴史に「ＩＦ」は禁物であるが、児玉が存命であれば、昭和末期から平成の経済界を揺るがした一九八八年のリクルート事件や、一九九二年の東京佐川急便事件にも確実に絡んでいたであろう。毀誉褒貶あれ、黒幕・児玉誉士夫の力量からすれば、あるいは、この事件により失脚した政治家たちの権力は闇の力により温存され、平成、そしてそれに続く令和の政財界史をもさらに変容させていたかもしれない。

わたしは、大宅マスコミ塾の七期生であったが、その塾長である評論家の大宅壮一は、児玉と何度も対談し、かつ、一九六一年に次のように記している。

「私にとって彼は、現在、日本人の中で、もっとも実験的、解剖学的興味をそそる人格の一人であることを告白する。人間児玉誉士夫は、内容はさておいて、正味の〝実力者〟でこんなのはそうざらにいるものではない。

児玉誉士夫と膝を交えて、ひと晩ゆっくりと語り合うことによって私が得た結論は、彼はこういった危機の求道者だということである。少年時代から今日まで彼が歩んできた跡を振り返ってみると、彼はいつでも自らの手で危機を設定し、ときには創造もしている。自分の身辺に絶えず小さな〝戦争〟を作り出し、その中に自ら挺身隊として突入して行くことに最大な喜び、陶酔を感じているのだ。

恐らく日本人の中で、その生涯において、彼くらい大量の危機をむさぼり、くぐりぬけてきた者は少ないであろう。言わば、彼は〝危機中毒者〟である」

その児玉も、田中角栄元総理、角栄の盟友・小佐野賢治とともに、ロッキード事件で起訴される。児玉のそれまで闇だった一部が白日の下に晒された。が、あくまでそれは一部に過ぎず、未だ謎のベールに包まれたままである。

児玉は、ロッキード事件直後、児玉系の右翼である青年思想研究会の若者に次のように語っている。

「もし、俺が関わっていたすべてをぶちまければ、政界はもちろん、日本中がひっくり返ってしまうよ」

わたしは、この本を執筆する際に、上海の児玉機関の唯一の生き証人である人物や、右翼関係者に取材する機会に恵まれた。

令和の日本では、児玉ほど国内外の政財界、ヤクザをはじめとする広い世界に跨ったスケールの巨きい黒幕は現れにくいだろう。世の中がそれほどの闇を許さなくなったからだ。

暴力団や総会屋排除の風潮は、各界に及んでいるが、排除すればするほど、「人間は制度の網からこぼれ落ちる存在」（坂口安吾『続堕落論』）である。

その意味でも、児玉誉士夫は闇の世界に咲く悪の華であり、文字どおり「戦後最大の黒幕」「最後のフィクサー」と言えよう。

二〇二五年一月　大下英治

【目次】児玉誉士夫 黒幕の昭和史

まえがき 2

第1章
「児玉機関」の源流 25

「うんと、えらい人物になるんだ」/生来のガキ大将/右翼団体「建国会」へ/「天皇に直訴する!」/帝都暗黒化事件/「これが日本民族の浮沈を決定する聖戦か」/辻政信、石原莞爾とのつながり/児玉機関の誕生/児玉機関に集う者たち/採算度外視の物資調達/匪賊「紅槍会」相手に大博打/「さすがに関根組長は、大親分だ」/「大西閣下、わたくしもお供します」/児玉機関のカネはどこに

第2章

政界最大の黒幕《フィクサー》

85

「マ元帥は総司令部でお待ちしているそうです」／「絶対天皇制を護持してください」／A級戦犯として逮捕／逮捕を志願した笹川良一／「吉田君、自由党の総裁になってくれんか」／実業家の肩書／「赤ツラは、赤ツラとしての立場を守ればいいんだ」／「少数政党でも、吉田内閣を追い落とせる」／「わたしに鳩山さんを口説けといわれるんですか！」／鳩山内閣成立／暗号名「トモダチ」の任務／〝森脇メモ〟で「グラマン疑惑」を追及／「児玉はロッキード社の日本における国防省」／「どうか岸内閣を助けていただきたい」／大野副総裁への誓約書／「この勝負はトンビに油揚げで終わるかもしれませんよ」／「例の契約書は反故にするしかない」／ナベツネの証言「その証文を撮ったものをぼくは持ってた」／総裁公選での暗躍／「自民党を脱党し、第二の保守勢力をつくってはどうか！」

第3章 闇の首領 181
右翼・ヤクザ連合VS左翼・反安保勢力／動員博徒一万八千人、テキヤ一万人、右翼四千人／「いくら児玉でも、許せねえ」／「自民党に貸しはあっても、借りはない！」／「先生をオヤジと呼ばせてもらいます」／任侠の大同団結構想／行動右翼「児玉軍団」／幻に終わった「東亜同友会」／国会議員に配られた河野擁護警告文／第一次頂上作戦はじまる

第4章 事件の陰に、児玉あり 221
「ラテンクォーター」と力道山／「児玉先生、力道山に注意してくださいよ」／力道山の〝帰郷〟を仲介／「行くな、おれにも面子がある」／「リングの上で死ねれば本望ですよ」／東洋精糖乗っ取りを阻止／「児玉誉士夫は不思議な人だ」／児玉を「先生」と呼ぶ中曾根／弘文堂を利用する児玉、中曾根、ナベツネ／日韓交渉の折衝役／「中曾根さんを中心に、

渡辺君、氏家君に働いてもらいます」／「児玉は、中曾根すらつかい道がないとまで思った」／小佐野と角栄が仕組んだ田中彰治恐喝事件／「児玉という男は、恐い男だよ」／角栄擁立でスクラムを組む／「田中は、野たれ死にしますよ」

第5章 ロッキード事件 陰の主役

289

ロッキード社の秘密代理人／「全日空に売り込むように」／「あの男には気をつけろよ、足を引っ張るかもわからん」／「小佐野の援助を受けるには、五億円が必要だ」／ロ社トライスター機に決定／暗躍と豪腕で転がり込むカネ／ジャパンラインをめぐる仕手戦／「児玉が台糖側についていることを、公表してもよい」／秘書・太刀川恒夫が動く／「児玉はいったいロッキードで何をしたのか」／児玉を守る稲川聖城／窮地に立たされる中曾根とナベツネ／「児玉即右翼ではない」／黒幕と恐れら

れた男の一面／〝国賊〟へのセスナ機特攻／「日本も、捨てたものじゃ
ない」／うたかたの栄華／「おれは、真実を、いつかしゃべる」

第1章

「児玉機関」の源流

児玉誉士夫の前半生は不明な部分が多い。幼少時は貧困に苦しみ、父親と二人で掘っ立て小屋に住んでいたという説もあるほどだ。

児玉は、その前半生で、日本だけでなく、当時日本の支配下にあった朝鮮半島や、日本が権益獲得のために進出した満州をはじめとする中国大陸にさまざまな足跡を残している。

八歳の時に朝鮮に住む親戚の家に預けられた児玉は、現在のソウル（当時・京城）にある商業学校を卒業。その後は帰国し、向島（墨田区）の鉄工所に住んだという。

それからはさまざまな右翼団体を転々とし、若くして血気盛んだったこともあり、複数の事件に関与している。のちに「右翼の大立者」となる片鱗はこの頃から既にあったのであろう。

十八歳の時には昭和天皇への直訴を行い、半年間服役。二十三歳だった昭和七年に起こした天行会独立青年社事件では三年半の判決を裁判で受けている。

出所後、児玉は、南満州鉄道の社員で国家主義者の笠木良明の紹介により、外務省情報部長の河相達夫の知己を得る。

のちに児玉は、河相のことを「恩師であり、父と子のような関係であった」と回想しているが、実際に河相との縁は児玉の人生を変えている。児玉は河相に派遣される形で中国各地を視察し、大陸への足がかりを掴んでいったからだ。

その後は、上海副総領事の岩井英一の知遇を得て、領事館内に設置した「特別調査班」の嘱託となったり、日本政府の傀儡政権を樹立する汪兆銘の護衛を担当する。

しかし、児玉と親交のあった石原莞爾らの東亜連盟の動きが東条英機の逆鱗に触れたことで、児玉も嘱託を解かれて昭和十六年五月に帰国を強いられる。

だが、児玉にはさらなる舞台が用意されていた。

昭和十六年十一月には、国粋大衆党総裁の笹川良一の紹介で、海軍省（海軍大臣は嶋田繁太郎）の外局である海軍航空本部（本部長は山本五十六）に招かれるのだ。

このことがさらに飛躍のきっかけとなり、児玉は海軍航空本部のための物資調達役となり、上海に児玉機関の本部を置き、活動する。海軍航空本部に納入する独占契約を得た児玉は、終戦までのわずか四年間で、ダイヤモンドやプラチナなど、一億七五〇〇万ドル相当の資産を有するに至っている。

波乱の前半生で築いた莫大な資産と、戦争中に朝鮮半島や中国大陸で培った大日本帝国の指導者層との人脈が、戦後の混乱期の児玉に大いに役立っていくのである…。

「うんと、えらい人物になるんだ」

「日本で最も恐い男」とみなされた児玉誉士夫は、明治四十四年（一九一一年）二月十八日、福島県安達郡本宮町に生まれた。

明治維新当時、二本松藩は、会津藩とともに、「賊軍」の汚名を着せられ、会津藩以上にひどい目に遭った。先祖は代々、二本松の槍術指南役であった。

父親の山田西四郎は、若いときにおなじ二本松藩の御典医、児玉家から望まれて養子となった。児玉姓を名乗ることになった。西四郎は、養家の業を継ぐために、仙台におもむいて医学の勉強をした。その学友のなかには、後藤新平もいた。後藤は、のちに満州鉄道総裁をへて、第二次桂太郎内閣の逓信相、さらに内相、外相、東京市長をつとめる。

西四郎も、医業を捨てて、政界に身を投じた。明治新政府に対する不平不満の声は、東北地方ばかりでなく、燎原の火のごとく、全国的に広がっていった。

福島自由党は、東北における自由党の中核であった。河野広中が、これを牛耳っていた。河野は、板垣退助、後藤象二郎、副島種臣らとはかって、国会の開設を提唱。反政府的な行動に生命を懸けていた西四郎もまた、この福島自由党に入り、河野広中の門下として動きまわった。

その頃の政治家は、おおむね清貧に甘んじる気骨があった。いわゆる国士的な風格をそなえている人物が少なくなかった。そのせいで、政治に深入りすればするほど、私財を散じ、家産を傾け尽くす者もめずらしくはなかった。西四郎も同様で、児玉が物心ついた時分には、もう家産らしいものは何一つ残っていなかったという。

児玉の自伝『悪政・銃声・乱世─風雲四十年の記録』によると、魚釣りのたいそう好きな西四郎は、しばしば四男の誉士夫を連れて、近くの阿武隈川などへ釣りに出かけた。西四郎は河べりで釣り糸をたれたまま、幼い誉士夫にいろいろな話をした。そして、最後のしめくくりは、いつも決まって維新の頃の苦い思い出話であったという。

「……おまえも、立派なサムライの子だ。この東北は、これまで中央政府から、ずっと継子あつかいされてきたことを、忘れてはならない。そして多くの人たちは、いずれも不遇のうちに死んでいった。これらの人々の霊を慰め、東北を差別待遇から救うには、若いおまえたちが社会に出て、うんと、えらくなることだ。えらい人物になるんだ」

西四郎は、えらい人物というところに、一段と語気を強めてくり返したという。

児玉は後年になって思う。

「オヤジは自分が長らく描きつづけてきた理想と夢を、子どものおれによって実現させ、達成しようと考えていたのではなかろうか」

このような郷土的伝統が、児玉を強く刺激し、はやばやと反逆者としての道を歩むことになる。

生来のガキ大将

大正七年（一九一八年）、酉四郎は、ついに郷里にはいられなくなった。児玉一家は、東京に移って、高田馬場に住むこととなった。

その年の七月、児玉の母親が脳溢血で死亡した。

大正八年（一九一九年）、児玉家は、一家離散となった。八歳の誉士夫と弟の泉は、父親といっしょに朝鮮に渡った。ソウルのとなりの竜山（ヨンサン）の駅長のところに嫁いでいた児玉の姉を頼ってのことである。泉は、朝鮮で、ただちに養子に出された。

酉四郎は、居候生活に耐えかねて、まもなく、内地へ帰った。誉士夫も姉の知り合いの家へ養子にもらわれた。が、いたずらが過ぎてもてあまされ、姉の家に舞い戻った。

姉夫婦も、手に負えぬ腕白者の誉士夫の処置に、困りきってしまった。大正十一年（一九二二年）、誉士夫を内地に追い帰した。

誉士夫は、その頃、郷里本宮町に帰っていた父親のもとに戻った。そこから、土地の小学校へ通いはじめた。しかし、ここでも生来のガキ大将ぶりは依然としてやまなかった。

もちろん先生の言いつけなどは、「馬の耳に念仏」。友だちを相手に、だれかれなく喧嘩をふっかけた。

誉士夫は大正十二年（一九二三年）春、単身で東京に出た。亀戸の紡績工場で働いた。一ヵ月二円という安い給与であった。この待遇は、のちに児玉が何度も体験する刑務所よりひどかったという。

三ヵ月後、ついに我慢できず、工場を逃げ出し、新橋の叔母の家に駆け込んだ。

誉士夫は、大正十二年夏、ふたたび朝鮮に渡った。仁川の鉄工所で働いた。

この年九月一日、関東大震災が起こった。誉士夫は、その大震災で東京に出ていた父親が亡くなった、という報せを受けた。

誉士夫は、覚悟をあらたにした。

〈とうとうこれでおれには、父も母もなくなってしまった。だからこれからは、だれにも頼ることなく、自力で生きてゆかねば……〉

誉士夫は、柔剣道の師範を兼ねる接骨師の道場に書生として住み込んだ。まもなく、ソウルの善隣商業という学校に入れてもらった。ここで初めて、勉強に興味をおぼえた。が、そのうち、野心が頭をもたげてきた。

〈いつまで、こんな書生をしていたからとて、どうなるもんか。えらくなるには、やっぱり東京に行かねば……〉

矢も楯もたまらず、接骨師の家を飛び出した。旅費は、ちびちび姉にねだって貯めた十円ばかりのものがあった。

竜山から、列車で釜山に向かった。釜山から、新羅丸という関釜連絡汽船に乗って、下関に向かった。

誉士夫は、釜山の港を離れるや、甲板の片隅にたたずみ、泡だつ玄界灘の海面をじっと凝視した。

〈おれには、父もなく母もないが、いまにきっとえらくなって、一等船客としてこの船に乗ってみせる。もしそうなったら、デッキから思いきり、玄界灘に小便を吹っとばしてやる〉

右翼団体「建国会」へ

児玉誉士夫は日本に帰り、上京すると、東京・向島の鉄工所で働いた。日給一円二十銭の見習工に採用され、兄の家から通った。

このような苦況のなかで、本来なら左翼に走っても不思議はない。児玉もある意味で左翼に共感はしている。『悪政・銃声・乱世』に書いてある。

「当時すでに、われわれの職場でも、小単位の労働組合ができていた。最下級の、見習工のわたしもまた、一組合員として加入していたのである。じぶんたちの立場が、みじめであればあるほど、そして労使の均衡があまりにも不釣りあいであることを知りつくしているわたしだけに、労組の結成は賛成こそすれ、もちろんこれに反対するものでなかった。われわれ労働者ひとりひとりの力は、ほとんど無力にひとしい。だが、弱者といえど多数が団結し、一つの意思のかたまりとなって立ちむかえば、あるていどまでは、強権な資本家に対抗できなくはあるまい。そういう意味で、ただしい労組の活動は、きわめて有意義であるし必要と考えたのであった」

しかし、左翼にも批判の眼をそそぐようになった。

「争議のばあいなどに、なぜ赤旗を掲げ、『われらの祖国ソビエト』という、奇怪なスローガンを使わねばならないのか……これがわたしには、どう考えてもふしぎでならない。われわれ日本人の祖国は、もちろんソビエトでもなければ、また他の外国でもないはずだ。いうまでもなく、日本人の祖国は、日本のくに以外にはありえない。しかもまた、ソ連をまねして、何がゆえに、赤旗をふらねばならないのか。労働運動には、その国の実情に即した、だれにでも納得のできるやり方があるはずだ」

昭和四年（一九二九年）、児玉は、十八歳になった。己自身が今後、どの方向に進むかについて、深く考えさせられたという。

〈いまから学校にかよって、無理な勉強をしたところで、何ほどの効果があろう。おれは、どうにかしてえらい人物になりたいという願望だが、そのえらい人物とはいったい、何を指してのことか。仮に代議士になったにしろ、天下の実業家になったにせよ、結局それは、貧しい者、力無き者の上に君臨して、その人たちの汗と脂を搾取し、自分だけが貪欲に、のうのうと太ってゆく。ただそれだけのことではないか〉

このような思いを重ねているうち、これまで頭のなかで描いてきた、いわゆる

「立身出世」や栄達ということが、しだいに馬鹿らしく思えてきた。愚かなことのようにも感じられた。そして思った。

〈おれみたいな男には、おれ独自の行くべき道があるはずだ。カネとか、肩書きとか、名誉とか、そういうもの以外に、人間としてやるべきことが、必ずあるはずだ。しかし、それは、いったい何だろう。勤労大衆の仲間として、労働者の味方となって、この身を捧げ、横暴な権力と闘っていくこと。これも一つの、生き方ではないか〉

児玉は、毎日のように工場の裏窓から、隅田川の流れを見つめては考えた。

〈左翼に走るべきか。それともまた、右翼に進むべきか〉

結論は、右の方向に走らせたのである。

その頃右翼には、大日本正義団、赤化防止団といった、多くの団体が生まれてはいた。

が、その大半は、共産主義と社会主義に対抗することを、日常闘争の主眼としていた。

当時すでに、北一輝の『日本改造法案大綱』という一部からはバイブル視されていた天皇主義に基づく国家改造の〝経典〟があった。一部の陸海軍将校、あるいは民間の右翼関係にも、その思想が広まっていた。が、時勢はそれを公然と、世の中に打ち出すまでにはいたっていなかった。

ちょうどこの頃、従来の右翼に比べて、ある点で異色的な団体が生まれていた。それは「建国会」といい、会長は日本有数の憲法学者として高名な、東大教授の上杉慎吉であった。会の幹部には、国家社会主義者の津久井竜雄や、赤尾敏など、当時としては非常に進歩的な考えをもった人々が名を連ねていた。

当時、建国会のスローガンの一つに、「天皇中心主義か！」「議会中心主義か！」とあったが、これは裏を返すと、ある意味では、金権的議会政治を否定するものであった。

建国会――この団体に入れば、自分は赤い旗を振らずに、財閥や腐敗した政治家どもを攻撃できるのだ……と、単純素朴な観念から、児玉は〝右〟に踏み切り、建国会に身を投じている。

「天皇に直訴する！」

児玉が入会した頃の建国会は、「二百万の失業者と、東北農民を救済せよ！」「赤色・新労農党の結成を粉砕すべし！」というスローガンを掲げて活動していた。が、何をどう政府に要求したところで、一時逃れの、ご都合主義の政治家からは、まったく反応がなかった。

児玉は、日本のこの差し迫った現状、つまり、絶望に近い経済危機と社会不安を打開し、あまりにも悲惨な失業者群と、東北の苦しむ農民を救うには、もはや天皇に訴えること以外、何の方法もないと考えた。

〈おれは、いま流行の赤の思想をもつ者ではない。ただ、不平等な、矛盾だらけの現代の世相と、でたらめな政治のやり方と、そして庶民大衆の苦難に満ちた生活の危機を思うと、眼をつむっていることができない〉

児玉は、思い詰めた。

「天皇に直訴する！」

が、この種の事件は、あとで背後関係が必ず問題になる。不必要な犠牲者をも生じやすい。

結局、児玉一人が単独でおこなうことにした。児玉、十八歳であった。

『悪政・銃声・乱世』によると、昭和四年十一月三日、昭和天皇はこの日の昼前、東京・代々木の明治神宮に参拝するため、赤坂見附を通る予定になっていた。

その頃の慣例で、沿道は早朝からきれいに掃き清められ、警戒の私服や制服の警官が多数出動し、緊張した空気にあふれていた。

児玉が、この赤坂見附に姿をあらわしたのは、朝の九時頃であった。やがて、一、二時間ののち、天皇の鹵簿《ろぼ》（行幸の行列）に向かって飛び込まねばならないことを思うと、身のうちがゾクゾクッとして、なかなか落ちついた気分になれなかったという。

〈こんなふうでは、事前に警官たちに気づかれて、せっかくの目的も失敗するかもわからない〉

見附の交差点から花街寄りの少し入ったところに、一軒のそば屋があった。児玉はのれんをくぐった。

しばらくすると、大通りのほうで、あわただしい群衆のざわめきが起こった。

〈頃合よし〉

児玉は、ふたたびのれんをくぐって外へ出た。沿道の両側は、拝観の人の群れで、ぎっしりいっぱいだった。あご紐をかけた憲兵が、一定の間隔をおいて立ち並び、そのあいだを警官や在郷軍人たちが、ものものしい格好で並んでいる。

赤坂見附の角から少し青山寄りのところで、児玉は何気ないふうを装い、静かに鹵簿《ろぼ》を待った。人垣はほとんど立錐の余地もなく、児玉はやっとのことで最前列に位置をとった。

まもなく、警官の合図で人々は帽子をとり、老人や子どもたちは荒ムシロの上に土下座した。ときおり、群衆のなかから、咳払いが聞こえる。

麹町平河町の坂のあたりに、警護のサイドカーが見え、ゆっくりと見附に向かって降りてくる。まもなく、あずき色のお召し車が、児玉の視界に大きく入った。

児玉は、警官の列をくぐって、真一文字に、車に向かって突進した。とっさに、懐にしまっていた訴状を、右の手で捧げるようにして、一気に突き出した。お召し車の車体に、児玉の指先がさわった。その瞬間、児玉は背後から、だれかにむんずと抱きつかれた。車は、何事もなかったかのように、ゆるやかなスピードで大通りの坂をのぼっていった。

すべてが夢中で、しかも瞬間の出来事であった。群衆も、あまりの意外さと驚きに、呆然として声も出なかったらしい。児玉自身もまた、「陛下ッ、これをッ」あるいは「ご覧ください！」などと、はたして叫んだかどうか、記憶が定かでない。

四、五人の憲兵と警官に手取り足取りされた児玉は、いったん、最寄の表町署（現赤坂署）に引き立てられた。だが、捕まった児玉は、すでに覚悟ができており、むしろ決行前よりもはるかに冷静で、気分的にも落ちついていたという。

〈おれは国民の一人として、じかに陛下に訴えることは違法であっても、べつに不敬とは思えない。国民の不幸と哀しみは、陛下にとってもまた、哀しみとせられるであろうから……〉

だが、当時の天皇は、今日の〝人間天皇〟ではなくて、いわゆる現人神として神格化され、雲上に崇められていた。

それだけに直訴などということは極度に不敬事とみなされ、大罪人とされていたのである。

裁判が終わって、懲役六カ月の判決が下されたのは、あくる昭和五年（一九三〇年）の二月末であった。一切を観念した、というよりは、むしろ不服を申し立てる気持ちになれない児玉は、いさぎよく服役の覚悟を決めた。

児玉は、市谷の未決監から、囚人用の編み笠をかむり、青い服を着せられたまま、そぼ降る雪のなかを、群馬県前橋の刑務所へ引かれていった。

児玉が、刑務所でいちばんうれしかったことは、自分の好きな書物がふんだんに読めたことだった。とりわけ、宗教的なものや哲学的なものが多かったので、自然とそういう書物に興味をおぼえ、空き腹に飯を掻き込むように、時間を惜しみながら、むさぼり読んだ。

共産主義や社会主義の思想の輪郭も、ある程度までは知ることができたかに思えた。さらに児玉のもつ、いわゆる日本主義的な考え方との相違点を、なんとかしてはっきり掴み取ろうと努めた。児玉の教養は、その後も何度か入ることになる刑務所のなかで培われたものである。

「天下騒然たるの折、短刀ひと振り進呈仕り候」

児玉は六ヵ月の刑を終えた昭和五年十一月、思うところあって建国会を去った。より進歩的な急進愛国党に入った。主宰者は、津久井竜雄であった。児玉は、津久井家に身を寄せた。

児玉は、ただちに黒竜会の内田良平を訪ねた。若輩のくせに、天下に名だたる右翼活動家の内田の前で、国家の大勢などをぶった。内田は、いやな顔もしないで、「ほーう、ほーう」と、まるで孫の話でも聞くふうにうなずいていたという。

ちょうどそこへ、書生の一人が騒々しげに飛び込んできて、いきなり告げた。

「浜口首相が、東京駅で撃たれました！」

「なにッ、浜口が!?　どこを、撃たれた？」

「おなかのようです」

「そうか、クソぶくろを撃たれては、浜口も助からんタイ！」

内田は、わずかに一言発すると、爛々たる眼を、さらに大きく見張った。

児玉はそばにいて、異常なものを感じた。それはあたかも、己の頭の頂から背筋にかけて、一瞬、稲妻が走ったようにピリピリッとしたという。

〈いよいよもって、ものすごい大嵐がやってくるぞッ〉

浜口雄幸首相狙撃さる！　街に出てみると、鈴をけたたましく鳴らした号外売りが、右に左に駆けていた。号外には、愛国社の党員、佐郷屋留雄の名が、狙撃犯として大きな活字で刻まれていた。

その頃になると、世相は急角度で悪くなった。とくに庶民の生活は目立って苦しくなった。ことに浜口内閣の大番頭、井上準之助蔵相は、金の輸出禁止を解き、為替相場を安定させ金本位制に復帰させる、いわゆる「金解禁」を断行。そのために、国内経済は大変な動揺をきたしていた。

昭和六年五月二日、井上蔵相の邸宅に、何者かがダイナマイトを放り込むという騒ぎが起こった。この事件は、政教社の党員である高畠正と、愛国社の大沢武三郎らが起こしたことだが、とうの井上は、「これしきのこと、屁とも思わぬ」

と豪語したのだった。

児玉は、井上の傲岸とさえ思える態度に、憤懣やるかたないものを感じた。民衆の怒りの声に、少しも耳を傾けようとせず、むしろ世論を黙殺し嘲笑するかのような態度に対し、一矢むくいて反省をうながすことにした。ただちに、井上に、手紙を書いた。

「天下騒然たるの折、短刀ひと振り進呈仕り候。――護身用たると、切腹用たると、御自由に使用され度く候」

そういう文面を添えて、短刀の小包みを送った。

翌日の夕方、神田美土代町の急進愛国党本部にいた児玉は、田中近蔵らとともに警視庁に引っ張られた。

短刀事件は裁判の結果、児玉には懲役五ヵ月、田中近蔵がおなじく三ヵ月、そして津久井竜雄は、執行猶予つきの三ヵ月という判決が下った。

児玉は、昭和七年二月九日、刑期を終えて巣鴨拘置所を出た。その日、政財界の有力者を一人一殺主義で手にかけようとする右翼テロリスト集団「血盟団」の団員小沼正によって、井上準之助前蔵相が、ついに射殺された。一ヵ月後の三月五日には、やはり血盟団員の菱沼五郎によって三井合名理事長団琢磨が射殺された。いわゆる「血盟団事件」である。

その間の三月一日、満州国は、建国を宣言。首都は新京（長春）に置き、執政・溥儀の下に、年号を大同と定め、日・満・漢・蒙・鮮（日本人・満州族・漢民族・蒙古族・朝鮮族）の「五族協和」をあらわす五色旗が国旗に採用された。

帝都暗黒化事件

頭山満の三男、秀三が、昭和六年二月に東亜民族の提携と武道精神を普及させるためにつくった天行会道場に、「血盟団事件」が起きた頃から国家改造を志す愛国の士が集まっていた。

昭和十年（一九三五年）に入り、児玉も、天行会道場に参集して、頭山秀三を中心にたびたび議論をかわした。

「ここで一番、もう一押しして事を起こせば、軍部の有志たちも立ち上がって協力せざるをえなくなるだろう」

「そうすれば、現在の政党政治はいやでも潰えさり、国家機構の改造は達成できる」

さて、それには、一体どうすればよいか。

「まず第一に、戒厳令を敷かしめるような事態を起こそう。それには、政党、財閥の巨頭、重臣ら二、三を襲撃して殺害しよう。その屋敷に、火を放とう。東京に通じる鬼怒川および猪苗代発電所の送電線を爆破して、帝都の暗黒化をはかろう。一方、市街で、爆竹を鳴らし混乱に陥れよう」

計画と準備は、着々と進んだ。決行の日取りは、十一月十一日に関西地方でおこなわれる陸軍大演習を機会に掴もうというのだった。大演習は必ず天皇が統監するので、東京は警察当局もかなり手薄になるからであった。この大演習のため関西に向かう内大臣の牧野伸顕、宮内大臣の一木喜徳郎を暗殺しようと企んでいたという。

だが、警察当局に気づかれた。その結果、児玉ら関係者はアジトに踏み込まれ、一人残らず検挙されてしまった。計画は、不発に終わったわけである。

特高（特別高等警察）が、二、三人、いきなり児玉に飛びかかってきた。児玉は、必死になってそれをはねのけ、まっ暗な外にのがれようとした。しかしながら、相手は多勢、児玉は、組み敷かれた。児玉はもがきながら、「えいッ、どうなるもんか、いっそ死んでくれよう！」と、不自由な手で、銃口を己の心臓部にあてて引き金を引いた。

児玉が気がついたときは、翌朝の、東大塩田外科のベッドの上だった。病室には、特高が一人と、制服警官が一人、静かに看視していた。

「さっき手術が終わったんだが、心臓スレスレで、助かってけっこうだったね」

昭和十年の四月、いわゆる「帝都暗黒化事件」に連座した児玉らに対する「爆発物罰則取締法違反」「殺人予備罪」この二つの罪名による判決が確定した。児玉は、四年六ヵ月をいい渡された。

児玉は、控訴権を放棄して数日後、東京郊外にある府中刑務所に移されていった。児玉は、この刑務所内でも、むさぼるように書物を読んだ。

「これが日本民族の浮沈を決定する聖戦か」

昭和十二年（一九三七年）四月二十九日、仮出獄する。

児玉は、昭和十二年七月七日夜、中国・北京郊外の盧溝橋で日本軍が夜間演習中、〝謎の発砲〟がきっかけとなり、中国第二十九軍と衝突、いわゆる「盧溝橋事件」が起こった。戦火は日増しに拡大して、日中戦争となった。

「これが日本民族の浮沈を決定する聖戦か」

昭和十二年十月、児玉は、何かと面倒をみてくれていた外務省情報部長河相達夫をたずねた。河相は、時局を心配して語った。

「きみたちはこの際、ぜひ中国大陸へ行ってみて、あちらの実情というものを、じっくり確かめてくる必要があると思う。現地へ行けばすぐにわかることだが、軍部、とくに陸軍のやり方が、いかに乱脈で、でたらめで、皇軍の名に反しているかという事実なのだ。

かつて明治大帝は、大義名分ということをやかましくおっしゃった。また、これを遵法することが、日本軍隊の誇りであり、比類のない強味でもあった。もちろん、日清および日露の両戦役の頃とは時代も違っているが、それにしても今次事変における軍部のそれは、あまりにもひどすぎるように思えてならない」

河相部長の発言の内容は、当時としてはずいぶん大胆で思い切ったものだった。憲兵や特高が随所に眼を光らせ、「軍人でなければ人にあらず」といったこの時代に、いかに親しい間柄とはいえ、政府高官の身でこれだけのことがきっぱり言えたことは、河相部長が単なる官僚でない一つのあらわれでもあった。

児玉は、河相部長から必要な費用を出してもらって、その暮れ、東京を発った。

児玉は、満州から中国北部、さらに中ソ相接する奥地へ入りこみ眼にした日本軍を、『悪政・銃声・乱世』で嘆いている。

「この眸、この聴覚によってとらえた日本軍の実体は……まさに百鬼夜行、奇々怪々であった。占領地のいずれにおいても、だいいちに注目されるのは、日本内地とまったくかわることのない柳暗花明（遊郭）で、夜のふけるまで絃歌おおいにさんざめくのだった。そこにはもちろん、軍あるいは軍かんけいの車が白昼かまわず横づけされ、高級の日本酒や山海の珍味が提供されていた。上、これを行なうときは、下またこれに倣うのが世の常で、上級者から下級の将校にいたる者までが、享楽にうつつをぬかし、わが世の春を存分に満喫していたのである。ときすでに、日本軍としての真面目、そして厳正なるべき軍規はうしなわれ、あるものはただ泡沫のような痴者の勝利感だった。

わたしはあまりの極端さと醜悪さに、じぶんの眼を、耳をうたがい、『これが生死を賭けての、日本民族の興廃浮沈を決定する聖戦か』と、あきれもし失望しないではいられなかった。しかしながら、急斜面をおどろくべきスピードで転落しつつあった日本は、少数の良識ぐらいでは止めようもなかった」

こうして児玉は、翌十三年（一九三八年）二月、激しい絶望感とやりきれない思いを抱いて、日本へ帰ってきた。

日本軍は、昭和十二年十二月、南京占領。十三年十月、広東と武漢三鎮を、十

四年二月、海南島をそれぞれ攻略、手中におさめた。が、戦争の長期化にともない、その背後に米英の勢力が強く影響し、戦局の前途容易ならずの感が深まった。昭和十四年（一九三九年）三月初旬、児玉は、外務省の情報部長河相達夫に誘われた。

「今度、上海と漢口を視察に行くが、いっしょに行かんか」

児玉は、よろこんで随行した。

児玉らは、戦火の跡もなまなましい現地の無残な姿を、目のあたりに見ることができた。

上海はもちろん、奥地の漢口にしても、一部市街を除くと廃墟さながらの様相だった。

街の外に一歩出ると、ちょっとしたクリーク（水路）のなかにも、草むらにも、おびただしい中国兵の死体が、あちらこちらに散らばっていた。それを見た児玉は、いまさらながら、聖戦の字句に微妙な疑念を抱かずにいられなかった。

〈なにゆえに、こういう戦争をせねばならんのか〉

上海で、河相部長から「役人らしくない人物を紹介しよう」といって、副領事の岩井英一に引き合わされた。岩井は、上司の河相部長からとくに信頼されており、上海にある日本の経営している東亜同文書院出の、中国通の一人であった。

当時、岩井の身分は副領事とはいえ、外務省情報部と直結する、「特別調査班」という上海の出先機関の指導者でもあった。

児玉一行は一年以上も上海に滞在し、臨時特別調査班に在籍し、何かと働いた。昭和十三年一月十六日、時の近衛文麿首相が、「蒋介石の国民政府はこれを対手とせず」のいわゆる対華声明を発していた。それ以来、国民政府の日本に対する感情悪化はいよいよたかまり、事変解決の見とおしもまた、まったくつかなくなっていた。

辻政信、石原莞爾とのつながり

昭和十五年（一九四〇年）当時、児玉は、辻政信少佐との連絡役をつとめていた。

岩井英一が、自著の『回想の上海』に書いている。

「当時支那派遣軍総司令部には占領地区及び重慶政権に対する思想工作指導のため、総司令部内別館に思想班が特設されており、その責任者は、（日ソ両国が衝突した）ノモンハン事件で大敗の責任を問われ、参謀肩章をはずされた辻政信少佐であった。文化思想運動として再出発した興建運動も日本軍占領地内での活動はこの辻少佐の管制下におかれる。従って運動を支障なく進めるためには、この辻少佐と緊密に連絡し友好関係を維持してゆくことが不可欠の前提条件だった。いずれにせよ児玉の起用は、興建運動と辻との友好関係をつくるにはプラスだった」

昭和十六年（一九四一年）五月、児玉は突然、陸軍参謀本部の命令で、日本へ呼び戻された。出発前に、南京総軍の今井武夫大佐が、いいにくそうに語った。「きみが〝東亜連盟〟のことで、石原莞爾将軍と通謀し、連絡していたのが問題となった。東条（英機）陸相が、きみを、この際辞めさせようとの考えらしい」

石原は、昭和三年十月、関東軍作戦主任参謀として満州事変を計画、実行した。当時日本に戻っていたが、辻政信中佐や重慶側との折衝工作に重要な役割をつとめた中国人の繆斌らと提携し、大陸の「東亜連盟」の運動を積極的に展開しつつあった。児玉が、石原とのいろいろな連絡にあたっていたことも事実であった。

東亜連盟は、石原の提唱する「世界最終戦」思想を根幹にしていた。それはアジアの諸国は、お互いがその主権を認めあい、政治の独立性を強調した点に特色があった。長いあいだ西欧の帝国主義的な圧力に支配されてきたアジアの諸民族は、この東亜連盟の呼びかけに対して、強い関心を寄せていた。

児玉らは、すなわち、日本軍の帝国主義的な行動を戒めることに努めたわけである。が、東条ら本国の軍首脳はこの考えに反対であった。辻政信も、台湾軍に追いやられてしまっていた。

今井大佐から因果を含められた児玉は、即座にいいきった。

「けっこうです、辞めましょう」

児玉には、東条陸相の内命ということは、少し筋違いのようにも思えたが、辞めろといわれれば、いささかの未練もなかった。総軍はもとより、参謀本部の嘱託も、いさぎよく返上したのだった。

東条と〝犬猿の仲〟である石原に接近していた児玉は、東条からみると、「坊主憎けりゃ袈裟まで」の譬えのとおり、好ましからぬ人物の一人であったこともうなずけた。

児玉は軍の仕事を辞め、民政党の永井柳太郎の口ききで、「興亜同盟」という国策団体に入った。おもに中国方面を担当する委員に選ばれた。

「安都子はわたしにとって、理想の女」

その頃児玉は、激しい恋に燃え、しかも最高潮に達していたという。児玉は、回想録『悪政・銃声・乱世』に書いている。

「もちろん、木石ならぬじぶんは、それまでも気のあった友人たちと廓にも足をはこび、待合茶屋にあそんだこともしばしばあった。だが、異性にたいして真剣な愛情を感じ、しん底からうちこんだことは、一度もなかった。また、それほどこのましい相手にもぶつからなかったのである。したがって、恥ずかしいことのようだが、ほんとうの恋とは、愛情とは、どんなものであるかも、まるで知らないじぶんだった。

そのわたしが、はじめて異性に眼をひらき、切実に感じとり、ある種の悟りをえたことは、つぎのことであった。つまり、ほんとうの恋愛でないばあいは、すぐに手が出、そこに異性間の交渉がはじまるわけだが、真実の恋のばあいは、肉体的なことなど枝葉末節で、おたがいが顔をみ、なんとはなしに語りあうだけで、もう満足なのであった。こんなことをいうと、いかにもじぶんらしくない、惚気ばなしのように聞こえるかもしれぬが、それが真剣であり、まじめであるほど、相手の女性はあまりにも気高くおもわれ、容易に手出しなど、できるわけのものではない。

歌人・与謝野鉄幹のうたえる、『妻をめとらば才長けて、みめうるわしく情けあり……』の、この歌を愛唱しつづけたじぶんの胸の片隅には、いずれはおのれが妻となるべき女性の映像が、いつとはなしに形づくられていたらしい。

安都子は、わたしにとって、まさしく理想の女であり、妻たるにふさわしかった。その意味において、じぶんは最上の幸福者であった」

児玉は、自伝にはひとことも触れていないが、じつは、昭和十五年五月三十日、最初の妻キミと結婚している。キミは、富山出身で、大正二年生まれ。叔母を頼って山梨県下部温泉で暮らしているときに、たまたま療養にきた児玉と結ばれ、三年ほどの同棲ののち、入籍している。

児玉は、それでいて、芸者ともつきあっていた。この芸者との子が、昭和十六年十一月二十日生まれの義昭である。この芸者は、児玉がてっきり独身だと思い込んで入れ込んでいたらしい。

本妻のキミがこの秘密を知り、大騒動になった。

その争いのつづく最中だというのに、児玉は近所に住む安都子に惚れてしまったのである。安都子は、大正八年生まれ。帝国ホテルのレジ係だった。児玉と彼女のあいだを取り持ったのは、のちに児玉機関幹部となる藤吉男だといわれている。なお、安都子とのあいだには、昭和十七年二月二十七日生まれの博隆。昭和十八年五月十七日生まれの安弘。昭和二十一年三月一日生まれの雅世の三人の子どもをもうけている。

児玉機関の誕生

第二次近衛内閣が退陣し、これに代わって昭和十六年十月十八日に、東条英機内閣が出現した。

陰険な日米関係が、刻一刻と緊張しつつあった昭和十六年十一月末、児玉がかねて昵懇にしていた国粋大衆党の笹川良一総裁から、話があった。

「海軍航空本部(航本)の山県(正郷)さんが、なにか君に頼みたいことがあるらしい。山県さんは山本五十六大将の股肱で、肚のできた人なのだ。すぐ会ってはどうか」

戦後、児玉とならんで右翼の二大巨頭と目される笹川良一は、明治三十二年(一八九九年)五月四日、大阪府三島郡豊川村に生まれた。若い頃、日本では数少ない曲乗り飛行士であった。大正十四年、大阪府三島郡豊川村村会議員に当選。この頃から大阪・堂島で商品取引をはじめ、巨富を得る。

昭和二年、月刊誌「国防」を創刊し、右翼運動に身を投じた。昭和六年三月、国家改造を求める右翼的結社国粋大衆党を結成し、総裁に就任した。昭和七年五月、国粋義勇飛行隊を創立し、隊長に就任。大阪に日本最初の防空飛行場を建設し、陸軍に献納。

昭和十年三月、国粋大衆党関東本部挺身隊藤吉男らが、一木喜徳郎枢密院議員宅を、天皇機関説を支持していることを理由に、居合刀を持って襲撃。一木は、天皇を国家法人の最高機関とし、立憲は国家にあるとする天皇機関説をとなえた美濃部達吉の先輩である。

藤らは逮捕され、懲役刑に処せられた。笹川良一総裁以下国粋大衆党幹部九人は、この襲撃事件にからんだとされ、この年八月、恐喝容疑で大阪拘置所に収容された。なお、この容疑は、笹川良一とかかわりないこととわかり、笹川は、昭和十六年に無罪となる。

笹川は、日本、ドイツ、イタリアの三国同盟の支持者となる。昭和十四年十二月、純国産機「大和号」でイタリアに飛び訪問。日伊親善のために、ファシスト運動の創始者であるムッソリーニ首相と会った。それから、ドイツに向け飛んでいる。

また、右翼からは敵視されていた山本五十六大将を心から尊敬し、親しかった。

児玉は、さっそく山県正郷中将に会った。山県中将が、話を持ちかけた。

「これからの戦争は、艦船第一主義はもう時代遅れだ。航空第一主義でいかなくてはだめだ。ところが現在、海軍で割り当てられている軍需資材の大半は、海軍艦政本部に取られてしまっている。そのためわが海軍航本は、必需資材の不足に頭を悩ましきっている。こんな状態では、一朝もし有事の場合は、手も足も出ないことになる。そこで、国内生産だけではとても間に合わないから、さっそく上海その他の外地で、わが航本の必要とする物資資材を、しかもできるだけ大量に獲得したい。その業務一切を、ぜひ引き受けてもらえまいか」

アメリカとの決戦を想定すると、航空本部用の物資資材は不足すると予想された。しかも、その頃の海軍当局は、バルチック艦隊を撃滅した日露戦争当時の感覚から一歩も脱けきらなかった。いまだに艦艇中心主義をとり、大艦巨砲主義をとなえていた。そのために、資材や物資の大半は艦政本部にもっていかれ、航空本部には十分な資材、物資がまわってこなかった。

昭和十六年十二月一日、山県中将は上海まで出向き、現地のトップたちと、今度の機関設置についてそれぞれ協議し協力体制をととのえた。

児玉は、さっそく上海の「上海大廈」に、児玉機関の本拠をもうけた。

児玉は、児玉機関の役割について、語っている。

「開戦前、海軍航空本部が一年間の必要量として政府の物動計画に要求した電気銅は、約四千トンであった。開戦当時には、航空本部にあった電気銅のストックは、わずか七千数百トンにすぎなかった。数年にして、底をつくことは眼に見えていた。実際、開戦の翌年には八千トン、二年目には一万五千トンを必要とすることになる」

じつは、児玉機関のような仕事は、以前には、万和通商という会社が請け負っていた。

それを、児玉が政治的に動いたことで、児玉機関を海軍直系機関にした。児玉機関の主要メンバーは、児玉のほかに吉田彦太郎、高原重吉、奥戸足百、藤吉男、それに別格の岩田幸雄の六人であった。

十二月八日、日本軍はハワイ真珠湾を奇襲攻撃し、太平洋戦争が開始された。児玉機関は、十二月八日の開戦以来、文字どおり昼夜兼行で、ほんの数ヵ月のあいだに、上海にある必需物資を、大半は買いつけてしまった。

三井・三菱などの有力商社でも、まとまった物資を買いつける場合は、いちいち本社の了解を得てから取引する。が、児玉機関はすべて現場における即決主義をとった。それゆえ、利益を本位とするこれらの商社が、児玉機関と太刀打ちできるはずがない。児玉機関は、たちまちにして予期以上の成果をおさめた。

児玉は日頃私淑している外務省の河相達夫から、厳しく釘を刺されていた。

「中国人は昔から、とくに面子を重んじる民族だ。いやしくも彼らに対して特権意識をふりかざすとか、優越感をもつようなことがあってはならぬ。あくまで日中両国の結合融和をはかり、いわゆる兄弟愛を基調としてあたらぬことには、いかなる仕事も成功しないと思わねばならぬ」

児玉は、河相の忠告をそのまま実地に生かすよう、部下を指揮督励し、行動させることに全力をそそいだ。そのせいか、辺境の奥地においてすらも、機関員と中国民衆のあいだに、ただの一度もトラブルらしいものは起こらなかった。四年間の全期にわたって、ほとんど無事故のうちに終始することになる。

児玉機関に集う者たち

児玉機関の副機関長は、吉田彦太郎であった。吉田は、大正二年(一九一三年)二月一日、福岡県に生まれた。

吉田彦太郎の舎弟分で、のちに児玉機関の副部長となる野上宏は、大正五年

（一九一六年）十二月十五日、福岡県福岡市清川町に生まれた。吉田より三つ年下である。

父親は、料理屋、工場を営んでいた。

野上は、吉田と同じ地元の高校に進んだ。吉田は、暴れん坊で名が通っていた。吉田の下には、朝日春男をはじめとした手下が大勢いた。野上は吉田を「兄貴」と呼び、慕った。

上京して明治大学に通いはじめた吉田から、野上に手紙が舞いこんだ。

「一度、東京に遊びにきてみろ」

野上は、上京し、日本大学商学部に入学した。

野上は、吉田に誘われて、萩原青年同盟に入会した。吉田も幹部の一人で、朝日春男もいた。ほかには、岩田幸雄もいた。岩田は、のちに黒竜倶楽部世話人となり、児玉機関のメンバーにもなる。戦後は、笹川良一と親しく、広島県モーターボート競走会代表にもなる。野上は、日大の二年先輩の川田武夫と、中野の岩田の家に下宿していた。

野上は、日大相撲部の連中に殴られた川田の仕返しの助っ人として、川田と日大相撲部に殴りこんだ。すさまじい争いになり、野上は、幹部の一人の胸を匕首で刺し殺した。

野上の起こした事件は、波紋を呼んだ。野上は、吉田に連れられて、牛込加賀町にある右翼団体、大化会会長の岩田富美夫の家に集まった。吉田もそのメンバーの一人であった。

大化会での話し合いの末、野上は、幹部たちにいわれるまま、麹町署に自首した。

野上は、その後福岡に戻り、父親の工場を手伝っていた。妻ももらっていた。

野上は、昭和十六年（一九四一年）の暮れ、博多の中心街中洲のある旅館の前で、ばったり吉田彦太郎と出会った。

「兄貴……」

吉田は、懐かしそうに野上に声をかけた。

「おお、どうしよるかと思っていたが、元気だったか。女房をもらって、家で真面目にしているのか」

吉田は、野上を誘った。

「上海にこい。おれは、いま、上海にある児玉機関という海軍の一機関で副機関長をしている。上海には、おまえにとって懐かしい者たちもいる」

岩田幸雄、岩宮尊、高原重吉……野上の仲間たちの名前が、吉田の口から語られた。

それだけ知り合いがいるのであれば、心強い。

「兄貴、どうか、お願いします」

なお、いっしょに事件を犯した川田武夫も、児玉機関の一員となる。

採算度外視の物資調達

野上は、昭和十七年に入ってまもなく、単身、飛行機で上海に渡った。

野上が常駐する児玉機関の運輸部事務所は、黄浦江沿いを南下する黄浦灘路、いわゆる、「外灘」（バンド）のシンボルともいうべき「上海大厦」一階の入り口の脇にあった。

ほぼ八畳ほどであった。十四階には、輸送部員用の事務所が二つあった。一つは寝泊まりができる部屋で、もう一部屋は宴会でもなんでもできるようになっていた。

児玉機関のもう一つの事務所は、そこから歩いていけるほどの距離にある文路にあった。

一階にビリヤード場があるピアスと呼んでいたビルの二階に構えていた。

野上の身分は、階位でいうと、少尉から中尉クラスの判任官であった。児玉、吉田のような幹部クラスになると、少佐から大佐クラスにあたる奏任官であった。制服は、ほとんど海軍のそれに倣ったもので、帽子には錨のマークがついていた。長靴を履けるのは、岩宮尊部長、副部長の野上、井上良介、川田武夫の四人だけであった。この四人は「児玉機関の四羽烏」といわれていたが、四人とも吉田のためなら、国のためならという吉田の一党、部下であった。

副部長の三人は、うるさ型として知られていた。とくに、野上は、ほかの幹部からもうるさがられた。

「おまえは、児玉機関の一番のうるさ型、森の石松みたいなもんだ」

児玉は、ほとんど内地にいて、上海の児玉機関本部に顔を出すことは少なかった。顔を出すのは、三ヵ月から半年に一度くらいであった。それゆえに、野上は、上海で児玉と接触する機会はあまりなかった。吉田も、だいたい内地にいた。

輸送部は、まず軍から調達してきた綿布や塩、砂糖といった日用品を、五台ほどの貨車に積み込んで、徐州や広州にある児玉機関の支部に送り届ける。積み込みは、中国人のクーリーと呼ばれる肉体労働者がおこなった。

児玉機関は、三井、三菱などの商社とちがって、採算度外視の即決主義をとった。雲母、銅、アルミニウムの原料である鉱石ボーキサイト、潤滑油、ニッケルなど、必要なものを片っ端から買い集めた。中国で古くから使われている銅幣（銅銭）も集めた。

しかし、中国では、要衝拠点といわれるわずかの地域をのぞいて、すべて〝敵地〟である。鉄道などはつねに攻撃下にさらされていた。とくに、南京と徐州のあいだには、数万にもおよぶ匪賊が待ち構えていた。児玉機関も、しばしば襲撃を受けた。

物資の輸送にはたいてい、野上、もう一人の児玉機関の輸送部員、さらに、中国人の通訳の三人が貨車に乗りこむ。三人は、いつもウィスキーを飲みながら、貨車のなかで寝泊りするだけであった。上海から南京まででも二日、徐州までは五日、北京にはなんと十日間も要した。

野上らの仕事は、その間の、物資の監視であった。監視する者がいないと、届け先に着く頃には貨車は空っぽになってしまう。鉄道が単線である中国では、対向列車がくるのを待つのに何時間、ときには半日も列車が停車することもめずらしくない。その間に、貨車の鍵を壊して、なかの荷物を盗み出す輩がいるからである。

野上らは、いざというときのために、拳銃を撃つ訓練も重ね、つねに拳銃を隠し持っていた。

あるとき、野上は、朝鮮のソウル行きの貨車に乗りこんだ。二人の輸送部員、もう一人の通訳の三人とともにである。運ぶのは、乗用車。朝鮮の海軍本部の要請であった。一台の貨車あたりに三台の乗用車が積める。全部で二十台近くを運んだ。

ソウルで待っていた児玉機関の幹部である高原重吉に引き渡した。高原は、野上らが運んできたものを海軍に渡す。

空になった貨車には、朝鮮産の干し貝柱、明太子を積みこんだ。

送り先に着くと、そこの児玉機関の支部長から歓待を受けた。料理屋に連れていかれ、「ご苦労さんです」と支部長は腰を低くして接待した。

支部長は、野上らが輸送する物資がなければ、銅幣を集めることができない。

それゆえに、下にも置かない待遇をした。野上は、気に入らない挨拶であれば、支部長を怒鳴り散らした。

「接待の仕方が悪い」

「女はいないか！」

野上は、月に一度か二度、遊びに行くときには、日本人租界に出かけた。ただし、中国語も英語も話せない野上は、一人では行かなかった。中国語か英語を話せる部員を連れていった。上海には、日本のような遊廓はない。しかし、キャバレーに行くと、コールガールを世話する者がいた。

給料は、ドル建てで一万七千ドル。円になおすと、五百円ほどだった。内地では、かなりの高給である。内地では、工場長が百二十円。ふつうの会社の係長で六十円ほどであった。事務の女性が二十円ほど。それらにくらべると、驚くばかりの給料であった。

しかし、物価の高い上海ではそれほどの高給ではなかった。アメリカの煙草「キャメル」を三つも買えば、それほどの値段になった。

野上は、上海でコツコツとカネを貯めた。貯まると、博多に住む家族に仕送りした。一回での振り込みは、五百円までと制限されていた。それ以上の額を送る場合には、野上は、ほかの輸送部員の名義を借りて送った。

野上は、生活費のほかにも、砂糖、魔法瓶、鍋をはじめとした日用品や、靴、服も送った。しかし、野上がよかれと思って送った靴や服は、内地ではとても身につけられなかったという。「贅沢は敵だ」「欲しがりません、勝つまでは」と国民が一丸になろうとしているときに、あまりにも派手すぎてなかなか身につけられなかったという。

匪賊「紅槍会」相手に大博打

ある日、児玉は直属の航空本部から指令を受けた。

「雲母を、即刻、海軍の徴用機に積めるだけ積んで、長崎県大村の海軍工廠に運べ」

雲母は、電気絶縁体として、航空機に不可欠の重要物資であった。折悪しく、この日はすさまじい風雨であった。平常ならどんな優秀機でも、絶対に飛べる天候ではなかった。

だが、緊迫した事態は、一刻の猶予も許さない。そこで、命令どおり、積めるだけ積み、輸送員は責任の重大性から、児玉機関の幹部をあてることとした。岡村吾一と、藤吉男の両者が乗りこんだ。

岡村は、明治四十年（一九〇七年）六月十一日、東京に生まれた。昭和二年、任侠系の鉄血社に加盟。六年には大化会に入会。藤吉男は、明治三十九年（一九〇六年）三月十一日、福岡県に生まれた。昭和六年、笹川良一らと国粋大衆党を創立。十六年、児玉らと八月会を結成。十七年には児玉といっしょに中国に渡り、児玉機関を中心に活躍していた。

軍用飛行場の滑走路は、顔も向けられないほどの、すさまじい雨風が吹きまくり、上空はまるで夜のようにまっ暗だった。しかも、積み荷は制限重量をはるかにオーバーし、機体はなかなか地上を離れることができない。それでも、ようやく本滑走路ぎりぎりの線で離陸し、雨雲厚く立ちこめる空のかなたに姿を没した。ところが、その後、いくら待っても到着の連絡がない。児玉は、さすがに不安になった。

〈このぶんでは、あるいは途中で墜ちたのではなかろうか……〉

大連からの無電で、「天候ますます険悪のため、同地に不時着した」との通報があった。

これはほんの一つの例で、海上輸送が困難となってからは、あえて危険を冒してまで、空からの輸送を何十回となくくり返すほかなかった。

当時、中国には「紅槍会」という有名な匪賊の大集団があった。彼らは、表面的には一種の宗教的集団とみなされたが、事実は、かなりの武器を装備していた。

戦闘力にも長じていた。鉄道線路を破壊したり、軍需品の貨物車を襲ったりすることにかけては、中国軍の、平服で敵地に潜入し襲撃するいわゆる「便衣隊」よりも、より激しかった。

彼らと日本軍は、各所でたびたび戦ってきた。彼らが、奇妙なおまじないのような紙の札を呑み、青竜刀を振りかざし、紅い布切れのついた槍をしごいて突撃してくるときは、神がかりじみた、壮絶な気魄に満ちあふれていた。機関銃でどんなに撃ちまくっても、少しもひるむことがない。もちろん、児玉機関の輸送隊も、これにはしばしば被害を受け、悩みの種となっていた。

ところが、あるとき、前線で児玉機関員が、数名の紅槍会匪をたまたま捕えた。憲兵隊に引き渡せば、その場で処刑される。が、児玉は考えた。

〈どうにかして、彼らを、役立てたい〉

児玉は、頭目に対する児玉の書状を彼らに持たせて、ひそかに逃がしてやった。これが一つのきっかけとなって、彼らは、それからまもなく、「条件いかんで帰順してもいい」と条件を提示してきた。

「食塩、綿布その他の生活物資と交換に、われわれの所有する銅幣を、あなたたちに差し出す。その代わり、今後鉄路の破壊など、妨害行為は一切やらぬ」

このような取り決めは、もちろん児玉の独断ではいかない。さっそく現地の海軍首脳部、陸軍側幹部と打ち合わせた。猛烈な反対論が出た。

「そういうことをすると、大切な物資が、彼らの手から、国民政府軍に渡ってしまわないか」

考えてみるまでもなく、もっともな説であった。しかし、児玉は、強く主張した。

「今日の段階にあって、よしんばその物資が敵側に回っていったとしても、大局を左右するものではない。このくらいのものをやったとて、勝つ戦いなら敗けもすまい。敗けるべき戦いなら、何をしても勝てもしまい」

児玉は、最後まで自説を曲げなかった。

「もしまた、軍の首脳部がおそれるようなことが生じたと仮定しても、鉄路の安全を確保できたなら、それだけでけっこうではないか」

結局は、やってよろしいということに決まった。あらかじめ先方と連絡をつけておき、徐州で紅槍会の帰順式をおこなう段どりとなった。

昭和十九年（一九四四年）四月の初め、児玉は拳銃すら持たず、軍刀一振りの軽装で、吉田彦太郎と二人だけで、めざす徐州に乗りこんだ。ここはかつて、日中両軍が運命を懸け、死力を尽くして戦った大会戦の場である。このときは、すでに日本軍の手にあった。

児玉と吉田が約束の徐州公園へおもむいたときは、二万に近い紅槍会の大集団が、勢ぞろいして、静かに待機していた。各自の武器と兵器はまちまちだが、整然と立ち並ぶ雄姿は、さすが百戦錬磨の強者だけあると感じた。

児玉は、統率の頭目や副頭目といっしょに、その会場にしつらえてある高台に登った。

彼らとの盟約について語りあった。つづいて頭目が台上に立って、今回の趣旨を述べた。それが終わると、彼らはいっせいに歓声を放った。紅槍を空に向かって上げ、青竜刀をも高くかざした。頭目の意に応えたわけである。

この式場で児玉らは、かねて準備していた食糧や綿布などの品々を、引き出物として、大量に彼らへ提供した。頭目もまたこれに対し、彼らが遠くから曳いてきた二門の大砲を、盟約の記念に寄こした。かなり旧式のものであったが、その真心と好意に、児玉は、なにかしら眼頭の熱くなるのをおぼえた。児玉の、生命を賭けた大博打はみごとに成功したのである。

その後の紅槍会は、児玉機関との盟約にしたがった。児玉機関の使命とする物資資材の収集について、少しも骨惜しみすることなく、全面的に協力してくれた。当時、なかなか見当たらなかった銅幣にしても、いったいどこからこれほど集めてくるのか、と思えるくらい大量のものを、児玉機関に提供して寄こした。両者の緊密な提携関係は、終戦の日まで円滑につづけられた。

「さすがに関根組長は、大親分だ」

それからまもなく、児玉機関の生みの親ともいうべき山県中将が、航空本部長の要職から、南方のアンボン島方面の司令官として転出することに決まった。後任には、海軍航空の権威であり推進論者として名のある大西滝治郎中将が就任した。

児玉には、大西中将は、その風貌も、そして人格も、明治維新の元勲西郷隆盛と、非常に似かよった点があるように思われた。本部長の椅子につく以前から、児玉をよく理解してくれ、児玉機関の育成に関しては、山県中将とともに、たいそう力になってくれてもいた。

また、大西中将はかねがね、海軍部内の主流をなす大艦巨砲主義の人々と、真っ向から対立していた。「航空戦力をもってする以外に、戦いの勝算はない」という持論にしたがって、日本の航空戦力の改革充実に、全力をそそいでいた。したがって、当時、海軍航空の必需資材の大半をまかなっていた児玉機関に対しては、格別深い関心と信頼を寄せ、全面的に支持し活用していた。

だが、大西中将が着任の頃は、資材の海上輸送はすでに至難となっていた。タングステンやその他の鋼材にしても、貧弱な国内資源を開発することにより、わずかでも補給しなければならない窮境に立っていた。

まもなく児玉機関は、航空本部の命令で、国内にある二、三のタングステン鉱山を開発することになり、それに従事した。

戦局が悪化しはじめると、児玉機関副部長の野上宏の日本の妻への仕送りや、物資が届かなくなった。

野上の仕事である輸送でも、さらに危険が広がった。輸送の最中に、中国の戦闘機が、機銃掃射を見舞っていくようになったからである。中国機が飛来すると、野上らは、貨車の下にもぐり込んだ。中国機のエンジン音、掃射音、さらに着弾音が鳴り響いた。とても生きた心地はしなかった。中国機が遠ざかった跡を見ると、無残にも、貨車の屋根には大きな穴が開いていた。

貨車だけでなく、上海も襲われるようになった。

昭和十九年（一九四四年）六月、野上は、上海にある児玉機関の倉庫に出かけた。鉄筋コンクリートで組み上げられた四階建てのビルの一階に、倉庫はあった。かなりの広さを誇り、その倉庫いっぱいに、日本で調達した綿布や砂糖、塩といった日用雑貨、さらに、ガソリンをはじめとした重要物資がおさめてあった。野上は、トラックの運転手がガソリンを補給しにいくのにつきあったのである。倉庫で作業していると、にわかに轟音が響き渡った。

〈空襲だ！〉

野上は、そう思った瞬間、反射的に倉庫のなかに走りこんでいた。倉庫の外で耳をつんざくほどの爆音が弾け、地面が揺らいだように思われた。野上は、思わずその場に倒れこんだ。

爆撃機が去った後、倉庫から出た。眼を覆いたかった。ユダヤ人と思われる外国人の遺体が何十と転がっていた。いや、遺体だけではなかった。大きく引き裂かれた腹から黒味がかった臓物をむき出しにしながら、野上のわからない言葉を発してうめく外国人もいた。

もしも、野上が、とっさに倉庫に走りこまなければ、自分もまたおなじような目に遭っていたにちがいなかった。うめく外国人は、けっして他人事ではなかった。

大西は、第一航空艦隊司令長官として、昭和十九年（一九四四年）十月、フィリピン沖海戦で初めて特攻攻撃を指揮した。

が、フィリピンの大半を攻略した米軍は、昭和二十年（一九四五年）四月一日、さらに勢いを得て、沖縄本島にも上陸した。

この頃、日本本土では、敵を水際まで引きつけて、最後の決戦をおこなおうと、国民の戦意昂揚につとめた。が、すでに南方と中国沿岸、中国と日本との海上輸送は絶望視され、戦況はいよいよ末期的症状を呈していた。国内のあらゆる軍需資材は枯渇したため、国土に埋蔵する鉱物資源を開発するしかなかった。どんな貧鉱でも、これを採掘して資材化することが、政府、軍部の方針となった。

昭和二十年四月十九日に軍令部次長に親補されていた大西から命令を受けた児玉は、東京へ帰った。児玉は、大西に命じられた。

「電気銅の不足で、魚雷をつくることができない。緊急に都内の焼け跡から、電線などの銅製品を回収してもらいたい」

働ける人間は軍務につくとか、各工場に徴用されて、残る者は老人や子どもや、婦人ばかりだった。

児玉は考えた。

〈このような非常の場合、残された唯一の手段と方法は、意地と義と、そして男一匹を看板とする〝任侠の世界〟の人々の協力を得るだけだ〉

関東屈指の顔役である関根組の関根賢組長を訪ねた。事情を話し、懇願した。

関根組長は、二つ返事で引き受けた。

「お国の役に立つことなら、おやすい御用です」

関根組長は、さっそく、何百人もの手勢を動員し、国のため海軍のために協力してくれた。児玉は、心から感じ入った。

〈さすがに関根組長は、大親分だ〉

「大西閣下、わたくしもお供します」

大西の夫人は空襲で家を焼かれ、児玉邸に住んでいた。一方、大西は軍令部次長の官舎に住んで別居していた。

児玉機関の副機関長の吉田彦太郎が、大西の身を案じて申し入れた。

「週に一度は、奥さんの家庭料理を食べてはどうですか」

大西は言下に断った。

「きみ、家庭料理どころか、特攻隊員は家庭生活も知らないで死んでいったんだよ。六百十四人もだ」

大西は、はっきりと言った。

「六百十四人だ。おれと握手していったのが六百十四人いるんだ」

それから眼にいっぱいの涙をためた。

昭和二十年八月十日、降伏を決定した御前会議がおこなわれた。その当日の夕刻、突然、大西が、東京の「児玉機関」本部のあるビルに立ち寄った。大西は、静かな口調でいった。

「長いあいだ、まことにご苦労であった。しかし事態は、もうどうにもならない。本日、御前会議で、陛下にも、米内（光政海軍）大臣にも、いま一度、ぜひ、やらせていただくようお願いしたが、駄目であった。ことに陛下には、たいそうご心配をおかけして、申し訳ないということを、お詫び申し上げた。これはみな、われわれの責任である。だが、もう一度だけ、終戦についてお考えなおしいただきたいと、願ってみた。しかし陛下は、お聞きにならなかった。これはじつに、自分らがいたらなかったためで、なんともあいすまぬことである」

低い声で、こう語る大西の顔は、涙に濡れていた。児玉をはじめ、席にいた機関の幹部たちも、ひたすら粛然として、うなだれるほかはなかったという。

大西は、児玉の贈った軍刀二振りと洗面道具を抱えて出ていった。

児玉は思った。

〈死ぬ気だな……〉

八月十六日の早朝のことだった。大西の車の運転手が、児玉の家に、血相を変えて飛び込んできた。

にわかに不吉なものを感じた児玉は、声をかけた。

「どうした！　何かあったのか？」

「閣下が、あのッ」

運転手の唇が、土気色になり、わなわなと震えている。児玉は、一瞬、大西の自決をさとった。

「閣下は、やっぱり、自決されたのか」

児玉は、念を押すようにいった。

大西は、割腹した後、「児玉を呼んでこい」といったとのことだった。

息はまだ、絶えていないという。

児玉は、すぐ大西のいる海軍軍令部次長の官舎に車を飛ばした。

児玉の贈った軍刀の切っ先は、大西の心臓部を刺し、さらに喉もとをもえぐり、作法どおり腹を十文字に掻き切っていた。

駆けつけた軍医は、児玉を別間に呼んで告げた。

「この傷では、どうにも処置ありません。だが、非常に心臓がお強いから、あと二時間ぐらいはもつでしょう。これだけ切られて、まったく奇跡です」

児玉はもとの座に戻った。大西は、児玉がきたことに気づいたと見え、わずかに瞼を開いた。

大西は、しっかりした口調でいった。

「きさまがくれた刀が切れぬものだから、また、きさまと会えた。きさまに特別頼みたいことがある。厚木の海軍を抑えてくれ。小園安名大佐に軽挙妄動をつつしめと、大西がそういっていたと伝えてくれ」

海軍第三百二航空隊司令の小園大佐は、玉音放送後も配下の厚木航空隊に徹底抗戦を命じた。厚木基地は数日間、反乱状態となり、小園大佐は軍法会議にかけられる。敗戦時に起こった「厚木事件」である。

児玉は、大西の耳もとで、低くささやいた。

「閣下、わたくしもお供します」

「馬鹿な。何をいう。若い者は、ここで死んではならん。これからの日本は、いよいよつらい立場に置かれて、みんなが、苦しくなるばかりだ。ここ十年、十五年のあいだは、日本はおそらく、奴隷化されるにちがいあるまい。しかし、その苦しみに耐え、生き抜いてこそ、明るさと希望が持てよう」

その声音は、肺腑《はいふ》をしぼるようで、一言いっては、大きく息を吐いた。

「じつは、きみにはもう、会えないと思って、ここに遺言を書いておいた。あとで、よく読んでくれ」

大西の額には、脂汗がべっとりにじみ出て、陽焼けしたたくましい面上にも、死の影がありありと浮かんで見えた。

突然、かすかに唇を動かして、「そこに、句をつくっておいたよ」と、微笑んだ。

見ると、机上に一葉の便箋が置かれ、書かれていた。

「すがすがし嵐のあとの月清し」

大西夫人は、その頃児玉邸を出、群馬県の沼田へ疎開していた。児玉は夫人を、疎開先へ迎えにいくことを決めた。大西の耳もとで、訊いた。

「閣下、もしできれば、奥さんをお迎えしてきたいのですが、会ってあげて、いただけますか?」

「馬鹿いうな! 軍人が腹を切って、女房が駆けつけるまで、我慢して生きている奴がどこにいる」

大西は、かすかに言い、児玉にはちょっと苦笑したように見えた。

が、児玉は、夫人を連れにいった。

大西のもとに戻ってきたときには、夜になっていた。時すでに遅く、この日の夕暮れ頃、とうとう息を引き取っていた。

あとで聞くと、臨終に際し、からくも床上に起き上がって、空の一角を睨むがごとく、「何くそッ!」と、絶叫したという。その死は、いかにも武人にふさわしい立派さで、みごとな最期であった。

児玉機関のカネはどこに

一方、児玉機関副部長の野上宏は、昭和二十年八月十五日の敗戦を、上海で迎えた。

しかし、敗戦の悔しさや悲しみにひたっている暇はなかった。重慶から、国民政府軍が乗り込んでくる。それまでに、児玉機関に関わるものをすべて整理しなくてはならなかった。児玉機関の者たちが、内地に帰れるのかどうか、先行きがわからない。しかし、いざというときのために、倉庫にある銀貨、さらには、そのほかの綿布、塩、砂糖をはじめとしたトラック十台分にもおよぶ物資は、フランス人租界で手広い商売をするロシア人に預けた。

ところが、そのことを、中国人の運転手が重慶からきた国民政府軍に密告した。野上は、ただちに国民政府軍に身柄を拘束された。倉庫管理の責任者を任されていたからである。

野上は、重慶に連れていかれた。民間の中国人たちが間に合わせでつくった憲兵から、取り調べを受けた。重慶では、日本軍が、銅幣を得る代わりに出した見返り物資から、児玉機関の倉庫に、明太子、綿布、銅幣など、おさめこんだ物資がどれほど積んであるのか、かなり正確な数字を把握していた。倉庫のものが数が合わない。足りない分はどうしたのか、と問いただされた。明らかに、児玉機関の者たちが、どこかに隠したのではないかといわんばかりである。取り調べは、一ヵ月間にもおよんだ。

その間、即席の憲兵は、野上が身につけているものを、それとはなしに要求してきた。

時計、パーカーの万年筆など、野上は渡せるものはすべて渡してしまった。

野上は、取り調べに対しては、「わからない」をくり返した。

「倉庫の鍵が破られている。クーリーたちが、持ち出したんだろう」

つけこまれるようなよけいなことは、一切口にしなかった。

憲兵たちが調べ上げてきたことも、のらりくらりとかわした。シラを切りつづけた。

結局、憲兵たちもあきらめた。野上は、釈放された。

ロシア人に預けた銀貨や物資は、その後、どうなってしまったのか。野上には、さっぱりわからない。野上らがフランス人租界に立ち入ることもなかった。だれの手に渡ったか、謎のままである。

第2章

政界最大の黒幕《フィクサー》

昭和二十年八月十五日は、児玉誉士夫にとっても、まさしく〝運命の日〟であった。自らが前半生を捧げた大日本帝国が崩壊したからだ。

しかし、歴史は児玉に安穏とした日々を送ることを許さなかった。

児玉が戦中に培った人脈や莫大な財力が、敗戦後の日本を統治するＧＨＱ（連合国総司令部）にとって非常に貴重なものと見られたからだった。

敗戦後、児玉はＡ級戦犯として巣鴨プリズンに収容されることになる。だが、児玉は、他の戦犯たちのように処刑されることはなかった。

ここでアメリカとパイプを作ることに成功し、岸信介と同様に戦後の日本をアメリカにとって都合の良い〝反共国家〟に仕立て上げる一役を担っていくことになる。

巣鴨プリズンを出所したあとの児玉の動きは目覚ましい。

鳩山一郎たちを支援し、吉田茂の追い落としと自由民主党の結党に関与し、さらには、ロッキード社の秘密コンサルタントに就任している。

また、日米安保の改定をめぐり、当時の岸信介政権の雲行きが怪しくなった時には、昵懇の間柄であった〝党人脈〟の実力者・大野伴睦とともに、政権安定のための帝国ホテル「光琳の間」での密約にも関わっている。

ちなみに、令和六年十二月十九日に亡くなった読売新聞グループ本社主筆の渡辺恒雄も、児玉と近い大野と親しかったために、岸信介の後継を争う総裁選では、大野が岸に騙されて、一敗地に塗れる場面を目撃している。

「マ元帥は総司令部でお待ちしているそうです」

敗戦後初代の総理である東久邇稔彦は、「皇族総理」であった。東久邇総理は、昭和二十年（一九四五年）九月五日、児玉誉士夫を、作家の大佛次郎、キリスト教社会運動家の賀川豊彦らと内閣参与事務嘱託に任命した。

児玉を東久邇に紹介したのは石原莞爾だが、参与に推したのは、当時の外相の重光葵だといわれている。が、実際に推したのは、国務相の緒方竹虎で、重光は緒方の案にただ同意しただけである。

東久邇は『東久邇日記』に、児玉についてこう書いている。

「児玉を私はよく知らないが、児玉は海軍および右翼と深い関係があったので、その連絡のために採用した。終戦当時、児玉は海軍飛行将校に、軽挙妄動をしないように説得に努力してくれた。また終戦直後、愛宕山その他で憂国の士が多数自決した事件があったが、内務省はどういうわけか、その事実を新聞に発表させなかった。それで、これらの人に関係のあるものが内部に相当動いていて、将来何をするかわからなくなった。児玉は、これらの右翼の人とも連絡があったので、私は児玉に『どうしたらいいか』と相談した。児玉は、『これらの人は国を愛するあまり自決したのだから、その真実が新聞に公表されないとなれば、死に切れないであろう。従ってこの事実を新聞に公表すれば、生き残った同志も感激して、今後は静かになるだろう』といった。私は内務省に話して、児玉の希望のごとく新聞に公表させた。その後、そのような事件は起らず、静かになった」

八月三十日午後二時五分、連合国最高司令官のダグラス・マッカーサー元帥が、神奈川県の厚木飛行場に降り立った。

東久邇総理は、マッカーサー元帥が厚木飛行場に到着したとき、出迎えようと考えていた。しかし、マッカーサー元帥は、日本人の出迎えを断ってきた。ここで、やむなく中止になった。

児玉は、『悪政・銃声・乱世』に書いている。

「そのころのマ元帥は、横浜のホテル・ニューグランドにいて、まだ皇居お濠端の第一生命館には入っていなかった。そんなせいもあってか、せっかく混乱処理の大役をおびた内閣ができていても、首班の宮さまは、まだ一度も、同元帥とは会見の機会をもたなかった。この緊急しかも重大時にあたり、連合国軍の総司令官との連絡が、終戦連絡事務局という機関を通じて交渉しているようなことでは、先方の意思を十分知ることもできないし、またこちらの考えをそのまま伝えることも不十分で、隔靴掻痒の感をまぬかれない」

これはまずい、こんなことではいかぬ、と、児玉はおなじ参与であった太田照彦たちと相談して、総理とマッカーサー元帥を、一日も早く会わせることを考えた。このとき、児玉の肚では、こう判断した。

〈思いきってこの際、ひと芝居打ってやれ！　両者を会わせてしまえば、そこにはきっと、何かしら意思疎通のきっかけが生まれるにちがいない〉

そこで、児玉は一計を案じた。まず、東久邇総理に進言した。

「ある筋からの話だと、マッカーサー元帥は、総理にぜひとも早く会いたがっていられるとのことです」

一方、太田も、いろいろ画策して、マッカーサー元帥側にうながした。

「東久邇総理が、元帥に至急会いたがっています」

計略が図にあたったのか、マッカーサー元帥は、「すぐにでも会おう」となった。

児玉らは、しめたッ、と思って、かさねて総理に告げた。

「マッカーサー元帥は、明日の午後、総司令部でお待ちしているそうです」

東久邇総理も、それなら、と、当日は一切の報道関係には内密にして、横浜へ車を飛ばした。

すると、副総理格の近衛文麿が、「正式の申し入れをしていないにかかわらず、無断で押しかけていくのは、軽率至極である」と、総理の車を、神奈川県庁のそばまで追いかけてきた。わざわざ後を追って、引き留めにかかったわけである。しかし総理は、心配無用!と、これを振りきってマッカーサー元帥と会見した。

「案ずるより産むがやすし」のとおりであった。会見の結果は意外によく、ここに初めて、日本政府責任者と、総司令官マッカーサー元帥との連絡がじかにつき、双方の意思が通じるパイプができあがったのである。

児玉は書いている。

「こういうイチかバチかの非常手段は、戦場における駆け引きとおなじで、ふつう政治家とか官僚人の常識論では通用しそうもないことだし、コチコチの頭では、おそらく考えられもしないとおもう。だから、非常のばあいには、やはり、非常に対応するだけの当意即妙的なやり方が必要で、学問と知識にのみ依存したのでは、クソの役にも立たんことは事実である」

「絶対天皇制を護持してください」

日本は、ポツダム宣言を受諾し、事実上、無条件降伏した。とはいえ、もっとも肝心な「天皇制」の問題については、ポツダム宣言にしめす内容事項を、一方的な甘い考えで有利に解釈しているにとどまっている。今後はたしてそれが、どう現れるかは、すべて占領軍の最高司令官たる、マッカーサー元帥の〝胸三寸〟にあった。

児玉は、東久邇総理に、大胆率直にも天皇退位を進言している。

「占領軍に少しでも〝天皇を有名無実な存在〟とするか、あるいは〝天皇制そのものを廃止〟する気配が見てとれたなら、正式の指令がある前に、陛下には、一歩先んじて皇太子に譲位され、ご退位という処断をおとりいただく。それが、天皇制を守りぬく、最善とまではいかなくとも、一つの方法ではないでしょうか」

だが、東久邇内閣は、昭和二十年十月五日、総辞職した。わずか五十日の短命内閣であった。

さて、児玉機関の残された資産はどうなったのであろうか。児玉は敗戦後の十月、児玉機関の全資産の目録をつくらせ、退任前の米内光政海相のところへ持参した。

米内大臣に、申し出た。

「これだけのモノが残っていますから、全部を海軍で収納していただくように」

「それを受け取る海軍は、もうこの日本にいなくなった。むしろこの際、多数のきみの旧部下が路頭に迷わぬよう、生活の面倒をみてやってほしい。もしも残る幾分かがあれば、なにか国のためになることに使ってもらいたい」

それから数日後、辻嘉六が、児玉を訪ねてきた。辻は、日満実業（のち日本化学産業）を創立。また、児玉源太郎、原敬らの知遇を得、政友会系の大物政治家と密接な関係をもちつづけていた。

児玉に辻を引き合わせたのは、大化会会長の岩田富美夫であった。昭和十九年（一九四四年）、何かのことで児玉と辻を引き合わせ、児玉にいった。

「辻嘉六という人は、なかなかの傑物だ。きみも、そのことをよくふくんでおいてほしい」

児玉は、その後何度か、辻に資金的な援助をしていた。

辻は、話を切り出した。

「わしが聞くところによると、きみは海軍大臣から、児玉機関の資産の全部を、

〝何か国家のために使え〟と、もらい受けたそうではないか。ところで、ひとつ、おれの希望も、ぜひ聞いてはもらえんだろうか」

児玉は、肚のなかで思った。

〈この老人はこれから何をいい出すのか知らんが、さすがに抜け目のない人物だ〉

辻は、さらにかさねていった。

「きみはどう思っているか知らんが、政党の再建、そして政党の中心人物として、わしが一番に適当と思えるのは、やはり鳩山一郎だ。彼こそは、これからの政治の舞台で、主役を演じるにふさわしい、格好の人物であるような気がする」

鳩山は、昭和六年、犬養毅内閣の文相に就任。七年、斎藤実内閣でも文相に。九年には、大蔵省疑獄事件に連座。政友会分裂の際には久原房之助派の中核となった。

「鳩山は、戦時中もあれほど鼻息の荒かった軍隊にへつらわず、またむやみと与することもしなかった。だから、当時は、彼に対する風当たりもきわめて強かったし、〝要注意〟のリストにも載っていたくらいである。それだけにまた、自由主義者としての鳩山は視野も広く、識見もなかなか豊かである。で、将来の、それも近い日に政局を担当する主役の人物は、まずこの男をおいて他にはない」

しかし、児玉の胸中には、それまでの腐敗し堕落しきった政党に対して―財閥や権力と手をむすび、私服を肥やすことにのみ没頭した悪徳政治家たち―に対する極度の不信と侮蔑の思いが、強く深く焼きつけられていた。そういう己の考えをひるがえし、ここで急に、辻老人の意見をそのまま額面どおり受け取り、要求を容れる気持ちには容易になれなかった。

〈鳩山さんといえど、あの腐りきった既成政党の一員だったはずだ。それに保守勢力内の領袖とまでいわれた人物ではないか。一方、立場を変えて鳩山さん側かられわれを見たら、とくに自分などは、「憎むべき急進的な国家主義者」ぐらいにしか思えぬであろう〉

その頃、鳩山は、東京麻布にあるブリヂストン創業者の石橋正二郎邸に住んでいた。

児玉は、辻の案内で石橋邸に鳩山を訪ねた。鳩山と辻との三人で会談に入った。

鳩山の態度は、きわめて謙虚で、忌憚のない正直な話しぶりだった。

「きみの好意は、本当にありがたい。しかしきみが、これだけのことをしてくれるについては、何か特別の条件があると思う。……だが、その条件によっては、ぼくとしてはきみの、せっかくの好意を受けられぬかもしれん。その点をひとつ、率直にいってもらいたい」

児玉は、即座に答えた。

「個人としての条件は、何一つありません。ただ一つ、いかなる圧迫があろうと、絶対天皇制を護持してください。それだけです」

鳩山の童顔からは、涙があふれ、そして強い語調で、「それは絶対、そうせねばならない」といいきった。

「七千万で党をつくりなさい」

児玉は、その理由について、『悪政・銃声・乱世』に書いている。

「連合国は、ことにアメリカは、日本の天皇をどう考え、どう処遇し、今後いかなる扱いをするであろうか？ それらの点がいずれも明確性を欠き、まったく疑問にたえなかった。したがって、占領軍の立場が改められ、つぎの日本の政権を実質的に担当する者―すなわち、やがて出現する事実上の総理大臣が、この天皇問題をどう処理するかについて、じぶんはすくなからぬ不安を抱き、おおいに悩んでもいたわけである。

さきにも述べておいたが、天皇制を永遠のものとして護り抜くためじぶんは、なみだをのんで聖上のご退位ということを、東久邇宮に進言したほどであったのだ。しかしながら、ご退位ということは、あくまで天皇制を護持するためのひとつの手段にすぎなくて、これを絶対不可分の問題であると考えるのは、思い違いもはなはだしいわけである。それゆえ、もちろんじぶんは、日本国土のあるかぎり、天皇制はどこまでも守護しつづけねばならぬと信じて疑わなかった」

児玉は、鳩山に、はたしていくらのカネを提供したのか。大森実の『戦後秘史1』の「大森実の直撃インタビュー」で、打ち明けている。

「児玉　当時のカネで、鳩山さんに出したカネが七千万です。

大森　七千万ですか、当時のカネで。そうしたら今だと何千億になりますな。

児玉　それはもちろんです。それとダイヤモンドですね。ダイヤモンド、プラチナ……。（中略）それで、私がシンガポールからもってきたやつ、三貫目から集めたやつですが、いまたぶん、日本銀行の地下室にあるんじゃないでしょうか。

大森　何カラットぐらいですか。

児玉　さあ、とにかくね、カマスに一つ半くらいあったでしょう。

大森　それは大きな話ですな。

児玉　全部こういう箱（ミカン箱ぐらい）に入ってましたけどね。それからプ

ラチナ。（中略）
大森　この白金（プラチナ）は献納の白金ですか。
児玉　いや、全部買ったものです。
大森　どこで？　中国とか……
児玉　支那で、シンガポールも……
大森　これ、何トンぐらいですか。
児玉　これがね、たいへんなものだったわ。そうですね、あんな箱（ミカン箱ぐらいのダンボール箱を指す）に二十くらいありましたからなあ。
大森　はあ、こんなたいした話はない。
児玉　いやいや、そうでもないですよ。二十なんてそんなものじゃなかったな。やはりこの部屋（十畳くらいの部屋）に半分くらいはあったでしょうか。（中略）私が（戦犯として）巣鴨へ行くとき、全部、辻嘉六に『ここへ置いとくから、これで党を作りなさい。それは長くかかるぞ。カネはこのとおり、みんな渡しておくから自由に』と。
大森　七千万円ですね。
児玉　合計七千万。それで私が……

大森　辻嘉六さんが預かったわけですね。それで鳩山（一郎、自由党首）さんに渡した。

児玉　鳩山さんの前で私はいったんです。『これだけ（七千万円）渡す。それからこれ（ダイヤ）も渡す』と。で、後日、巣鴨から帰ってしばらくしたら河野（一郎）さんが『おい、おれは選挙中、きみのダイヤモンドで往生したよ』と。

大森　はあ、河野一郎がね。

児玉　『ダイヤモンドとプラチナを売って党のカネにしたいが売るところがない。それでおれは考えて、当時米をもってる米の配給、米を扱うやつが一番カネをもってると思ったからおれが売って歩いた』と」

A級戦犯として逮捕

昭和二十年十二月二日、突然、皇族の一員である梨本宮守正王をはじめ、戦時中における各界の指導者たち五十九人に、A級戦犯容疑者としての逮捕命令が出された。さらに六日には、近衛文麿ほか九人が同様に追加指名となった。しかも、児玉をおどろかせたのは、十二月一日付の指名のなかに、児玉の名が挙げられていたことであった。

児玉は、いよいよ巣鴨拘置所（巣鴨プリズン）に出頭するという前日の昭和二十一年（一九四六年）一月二十四日、妻の安都子にいった。

「今度の裁判は、一種の政治裁判なのだから、彼らの意向次第で、われわれを殺そうと思えば、どうにでも理由がつくはずだ。もしそうと決まって、鶏でもひねるようにやられたら、死んでも浮かばれない。どうせ殺されるのなら、いっそ散り際よく、自分の手で生命を断ったほうがましだ。それにだいいち、これからの日本は、どうなっていくかもわからない。おそらく今後何年かは、日本中の男も女も、奴隷のようにみじめな境遇におかれ、白人によって完全支配されるだろう。そんな空気のなかで生きながらえることよりは、むしろ、このへんでさっぱりと失礼したほうが、よさそうに思えてならない」

するると、安都子は、ひと膝すすめて、きっと児玉を視たという。

「そのお気持ちは、よくわかるような気がいたします。そして、大西（滝治郎）閣下も、あれほどご立派な亡くなり方をなさったのですから、あなたにしても、むざむざ敵の手で絞首刑にされるよりは、自決なさったほうが、かえってあなたらしくもあり、また男らしくてよいと思います。しかし、世間ではあなたのお気持ちどおり、受け取ってくれますでしょうか。もしかすると、戦犯で巣鴨に行くのが恐くて、そのためにとうとう死んでしまったと、世間は案外そう思い、お笑い草にならないともかぎりません」

すべてを割りきり、悟りきっていたつもりの児玉であったが、妻の言葉を聞いているうち、何か別な、新しい壁に突きあたったような気がした。

安都子は、さらにいった。

「たとえ、あなたのおっしゃるように、しばり首になってぶら下げられようと、されまいにしても、それは実際にそういう羽目になってでないと、ここではなんともいえますまい。ですからまず、大手をふって堂々と巣鴨へ行かれて、裁判をお受けになってはいかがです。……もしもあなたが、いよいよ絞首刑と決まりましたら、わたしはすぐ面会に出むいて、金網越しに必ず、あなたの眉間を、拳銃で立派に撃ってさし上げます。もちろんわたしも、その場で死にましょう。あなたが死なれるのは、そのときでもけっして、遅くはございますまい」

最後に妻からこういわれたとき、児玉は心から感心せざるをえなかった。

〈これは女房のほうが、おれよりも出来物だわい〉

その翌朝、「それでは万一のとき、よろしく頼む」といって、実弾を詰めた拳銃を妻の安都子に手渡して、晴ればれした気持ちで巣鴨拘置所に入った。

逮捕を志願した笹川良一

昭和十七年（一九四二年）四月の翼賛選挙で衆議院議員に当選していた笹川良一もA級戦犯となった。笹川は、終戦後、議員を辞職しようとした。が、議会事務局が受理しなかった。重光葵外相の相談相手となり、敗戦のときの「玉音放送」の文案を添削した漢学者の安岡正篤と連絡して新党樹立もねらった。

昭和二十年十二月十一日、A級戦犯として巣鴨拘置所に入獄した。笹川良一は、むしろA級戦犯として逮捕されるのを自ら志願したと、のち衆議院議員になる息子の笹川堯に話している。

「戦犯に指定された人たちは、多くの国民を入獄させた経験はあっても、みずから入るのは初めての人ばかりだ。下手にしゃべって、天皇陛下に累をおよぼすことが危惧された。そこで、以前に三年間の獄中生活をしたことがある自分なら、連合国に日本の立場を堂々と主張し、戦犯たちを技術指導できる」

笹川良一は、東アジア・太平洋における戦争の責任、つまり「平和に対する罪」は、日本だけにあるわけではないと考えていた。この地域に植民地をつくり、長年支配してきた欧米列強にも、当然、戦争の責任の一端がある。とりわけ、日ソ中立条約を破って、一方的に日本を攻撃したソ連は強く批判されるべきであるというのが、彼の立場であった。

笹川良一は、『巣鴨日記』に書いている。

「喧嘩は相手なしでは出来ぬ。断じて日本は侵略戦争（をしたわけ）ではない。人間生まれれば生きなければならぬ。生きる為には食わねばならぬ。食う為には、輸入か、生産する土地を得るか、然らざれば移民するしかない。然るに米国は輸入代金を得る唯一の道たる輸出に関税障壁を設け、邪魔し、移民禁止する等して、日本人の生存権をおびやかすから、已むなく出易い大陸に出る事、必然なり」

「吉田君、自由党の総裁になってくれんか」

東久邇内閣の後をうけた幣原喜重郎内閣は、昭和二十一年（一九四六年）四月二十二日、総辞職。後継の首相には、四月十日の総選挙で第一党となった自由党総裁の鳩山一郎の就任が確実視されていた。五月二日、幣原進歩党総裁は、宮中へ参内し、鳩山一郎を内閣首班に奏請した。

ところが、五月四日、総司令部は突如、鳩山を公職追放令該当者として、日本政府へ覚書を突きつけた。

しばらくして、鳩山は、幣原内閣の外相であった吉田茂のいる外相官邸に吉田を訪ねた。

鳩山は、吉田に頼んだ。

「吉田君、きみがぼくにかわって、自由党の総裁になってくれんか」

昭和二十一年四月十日におこなわれていた総選挙では、日本自由党は第一党となり、鳩山は、新内閣のリストまでつくっていた。そこへ総司令部からの追放指令である。

吉田は、きっぱりと断った。

「わたしに、総裁になる気はない」

鳩山は、念を押した。

「どうしても駄目か」

「駄目なものは、駄目だ」

一方、幣原も、吉田を日本自由党総裁に担ぎ出そうと懸命であった。吉田は、幣原の説得に、ついに折れた。

日本自由党総裁を引き受ける肚を固めた吉田茂は、外相官邸に鳩山一郎にきてもらい、最後の詰めに入った。吉田は、鳩山に総裁を引き受けるに際しての条件を突きつけた。

「おれは、こぞんじのように、カネはないし、カネづくりもできない。カネの心配は、きみのほうでやってくれなきゃ困る」

吉田は、二つ目の条件を出した。

「おれは、政党のことはまったく関係がなくてわからん。政党の人事については、一切きみがやってくれなきゃ困る。政党は一切きみの力で押さえてくれ。ただし……」

吉田は、釘を刺すことを忘れなかった。

「内閣の人事については、干渉してくれるな」

吉田は一服して、また条件を出した。

「それから、いやになったら、いつでも投げ出す」

なんともわがままな条件だが、鳩山はそれを呑んだ。

「いいでしょう」

吉田は、長く総裁をする気などさらさらなかった。鳩山に、軽い気持ちでいった。

「きみのパージ（追放）が解けたら、すぐにきみにやってもらう」

鳩山は、べつに戦争に加担してパージになったわけではない。パージなど、すぐ解けると思っていた。しばらく吉田に自由党をあずけておき、パージが解ければ総裁の座をすぐに返してもらえばいい。これまた気軽に考えていた。

ところが、このときの条件が、のちのち問題になる。吉田はあくまで条件は三つだといい張っている。四番目の「きみのパージが解けたら、すぐきみにやってもらう」というのは、条件とは考えていなかった。

しかし、鳩山は、このことも条件の一つに入れていた。それも、口約束だけでなく、吉田が巻紙にきちんと鉛筆で、四条件を書いていた。それなのに、吉田に裏切られ、「庇を貸して、母屋をとられた」とのちに憤ることになる。

実際には、その巻紙は紛失したとして、残されてはいない。歴史の謎として、残されることになる。

「きみの部下からは、一人も戦犯は出ていない」

フランク・オニール検事による、児玉に対する巣鴨拘置所での取り調べは、昭和二十三年（一九四八年）の夏から秋にかけて、数十回もおこなわれた。児玉は心中、あまりの粘り強さにいささか辟易し、気短かだけに、何度となく腹を立てて業を煮やした。

オニール検事は、覆いかぶせるように斬りつけてきた。

「南京陥落のとき、きみの機関は、多数の中国民衆を虐殺したそうではないか！」

このときのオニール検事は、質問というよりは、むしろきめつけた感じであった。

児玉は、抗弁した。

「とんでもない。南京の陥落は、日本の暦ではたしか、昭和十二年の十二月半ばのはずで、自分が中国へ行ったのは、それから約二年後の、十四年が最初だ。だれの調べかしらんが、そんな事実はまったくない。笑うべき〝デマ〟だ」

そのような取り調べの末、十一月初め、オニール検事は、通訳を介していった。

「きみに関する大陸での調査は、全部がいま終わった。何一つきみに訊くことはない。きみの部下からは、一人も戦犯は出ていない」

オニール検事は、思い出したようにいった。

「上海の、ブロードウェイ・マンションホテルで、きみが以前使っていた、中国の老人に会ってきた。彼はきみが、ふたたび上海へもどってくる日を、楽しみにして待っている」

「東条英機氏ほか六人処刑」と発表されたのは、昭和二十三年十二月二十四日の夜が明けてからのことだった。そして皮肉にも、児玉らA級の残留組十九人が、にわかに釈放の通達を受けたのも、ちょうどこの日であった。

なお、児玉が巣鴨拘置所入りしてもなお、正妻のキミと、児玉の手をつけていた芸者との争いはつづいていた。ただし、入獄中の児玉に、一日も欠かさず面会に通っていたのは安都子であった。安都子は、児玉の女性一人ひとりを訪ね歩き、手を切らせたという。芸者とも切らせ、ついに児玉とのあいだに子どものできなかったキミにも、昭和二十四年（一九四九年）十月二十日に離婚させている。

夫婦同然の生活をつづけていた安都子と児玉が正式に婚姻届を出したのは、昭和二十八年二月十二日のことである。

一方、笹川良一も、また、児玉とおなじ日に釈放されている。

笹川良一がモーターボート競走に関心をもつきっかけとなったのは、じつは、巣鴨プリズンでたまたま手にしたアメリカの有名な写真週刊誌「ライフ」誌に、モーターボートの写真が載っているのを見たことであったという。笹川は「モーターボート競走三十年史草創期篇」で語っている。

「向う（アメリカ）では、モーターボートを持っている者は、自動車を持っている者より、ランクが高いようなことが、（「ライフ」誌に）書いてある。丁度そんなときに、B級戦犯の一人に福留という海軍中将がおって、こういう話をした。彼がフィリピンのレイテ湾にいた頃のことだが、小さなモーターボートの前のほうに爆薬を積んで、ダーンと離すと、これがどえらい勢いで障害物にぶつかる。で、これを『案』として海軍省に話したのだけれど、当時は大艦巨砲主義だから相手にしてくれない。もし、レイテ湾であれを持っておったら、どれだけ相手側に損害を与えることができたかわからない、というような話だった。そういうこともヒントになって、『モーターボート競走というのは面白いな』という考えをもった」

笹川は、この「ライフ」誌の写真を、巣鴨プリズン出所のときにひそかに持ち帰った。

出所から二ヵ月もたたない昭和二十四年二月から、モーターボート競走法の制定について、主要政党や関係各省庁、有識者などに働きかけをはじめていた。

日本では、昭和二十一年十月、競馬が再開されていた。昭和二十三年十一月から、初めての競輪が福岡県小倉で開催されていた。

笹川は、まず競輪法をベースにした原案をみずから作成し、旧知の国策研究会創設者である矢次一夫や、モーターボートに強い関心をもっていた福島世根らとともに、運輸省にその原案を持ちこんだ。法案として整備し、国会に提出することを依頼した。笹川は同時に、与党の自由党を中心とする政治家にも強力に働きかけた。

笹川の働きかけていたモーターボート競走法案は、昭和二十六年三月、当時の三大有力政党である自由、民主、社会各党有志議員の共同提案として、衆議院運輸委員会に付託された。衆議院を通過し、参議院の運輸委員会も僅差で通った。ところが、ギャンブルへの根強い反対論のため、参議院本会議で否決されてしまった。

笹川はこの危機的事態に直面して、部下の藤吉男に命じ、自由党幹事長の広川弘禅と直談判させた。藤は、東京都議会議員をしていたときに、広川と同僚であり、その意味で彼とは旧知の間柄だった。

この直談判が成功した。モーターボート競走法案は、異例の措置として、昭和二十六年六月、衆議院でふたたび可決され、参議院にはかることなく成立した。ふつう参議院で否決されるとあきらめるものだが、笹川良一はそれを巻き返し、執念で通している。

実業家の肩書

児玉機関の副部長であった野上宏は、敗戦後、一年半ほど上海に滞在した。岩宮尊、井上良介、川田武夫らといっしょであった。とくに、何をするわけでも、中国軍に捕らえられるわけでもない。収入はなかったが、食うことはできた。甕になみなみとついである老酒を浴びるほど飲む日々だった。

昭和二十二年初め、野上は、やっと帰国がかなった。上海を発った輸送船は、博多港で野上らを下ろした。博多の六本松というところにあった百三十坪の野上の家は、跡形もなくなっていた。野上は、しばらくのあいだ、博多にある児玉機関の副機関長であった吉田彦太郎の家でやっかいになった。

野上が上京したのは、児玉誉士夫が昭和二十三年十二月二十四日に、巣鴨拘置所から出所してまもなくであった。

野上は、吉田彦太郎の経営する緑産業に入社した。緑産業は、昭和二十一年三月に設立され、東京・銀座の緑ビルの二階に事務所があった。役員は、ほとんどが児玉機関の幹部であった。代表取締役が吉田彦太郎と高原重吉、監査役は岩宮尊となっている。そこに、児玉も事務所をかまえていた。その会社では、鉄、銅、非鉄金属の採掘と精錬、販売、輸出入などがおこなわれていた。この会社は、その後、東京レアメタルとなる。その代表取締役に児玉が名前を出している。この会社はさらに、大元産業となっていく。

その頃、野上は、児玉の秘書の倉林公夫とともに、児玉に連れられて奥多摩に出かけた。多摩川の上流で、魚を釣るためである。児玉は、釣り好きであった父親の影響か、釣りを好んでいた。魚を釣りに出かけた夜は、旅館に泊まる。

児玉は、酒は飲めなかった。コップ一杯のビールで顔が赤くなるほど弱かった。それでも、食事のときにはビールをふるまってくれた。

乾杯を交わした後、少し飲んだ児玉は、野上にいった。

「ビールは、コップで一杯目がいちばんおいしいな」

「はあ、そうですか」

酒好きな野上であったが、児玉にそういわれると、さすがに二杯目は飲めなかった。

児玉は、野上にやさしかった。児玉の親友である吉田彦太郎の舎弟ということで、よけいに目をかけてくれたにちがいなかった。野上を連れて、児玉が顧問をしている高島屋に出かけ、ワイシャツを買ってくれたこともあった。それも、野上一人だけに買ったとなれば、ほかの者も気分がよくないかもしれないと気づかい、ほかの者たちの分も買っていた。

児玉は、その頃、東証上場企業のニッケル専業企業S社のS社長から儲け話を持ちかけられた。

「わたしがやっているドラム缶工場を、引き受けてもらえませんか」

そのドラム缶工場は、三井物産が所有する江東区亀戸の川っぷちにある二千坪ほどの工場群の一部を借りて操業していた。普通のドラム缶は、ガソリンを入れると腐蝕してしまい、燃料タンクが詰まってしまう。そこで、ドラム缶の内側や蓋に亜鉛メッキをするのだ。

値段は、普通のドラム缶の三倍であった。

児玉は、社長の甘言に乗せられ、その工場を五百万円で譲り受けることにした。

「おれには、カネがない。女房にカネを出してもらうから」

そのドラム缶工場を手に入れた児玉は、吉田彦太郎に申し出た。

「野上をくれないか」

児玉は、野上が十八歳のころから吉田の子分であり、吉田のためなら何でもするということを聞いているのであろう。野上のようなうるさ型を自分の手の内に入れておきたいと考えたようであった。

一方、吉田とすれば、この頃、特別に仕事があるわけでもなく、カネに困っていた。野上らに払う毎月二万円の給料も、底を尽きかけていた。児玉の話は、渡りに船であった。

野上は、さっそく吉田に命じられた。

「だれを連れて行ってもいい。おまえが大将として行ってこい」

野上は、四人を引き連れて亀戸のドラム缶工場に乗り込んだ。

野上は、一時期、父親が経営していた工場を手伝っていた。それゆえ、機械の使い方にも詳しく、工場経営のノウハウもあった。

工場は、亜鉛メッキ鋼板の旋盤をする第一工場と、ドラム缶として組み立てる第二工場に分かれていた。野上は、第一工場の工場長補佐となった。

野上は、仕事をはじめてすぐに、S社長の話が偽りであることに気づいた。

〈えらい儲かるといっていたが、これじゃ儲かるわけがない〉

亜鉛メッキ缶は、普通のドラム缶の三倍の値段だが、手間ひまがかかるので一日に十本から二十本しかできなかった。人件費も高く、一日に五十本はつくらないと採算がとれない。しかし、第一工場の作業の効率が悪く、第二工場に送る数に限界があった。

野上は、生産性を上げるため第一工場の旋盤の使い方や第二工場の仕上げの方法を独断で変えてしまった。倒産寸前であった工場の建て直しに成功した。だが、のちに、野上とS社長は対立した。S社長に、野上らが「児玉機関の寄せ集め」といわれたことで、野上が怒りを爆発させたのであった。それがもとで、一時期、野上と児玉のあいだも疎遠になったことがあった。

「赤ツラは、赤ツラとしての立場を守ればいいんだ」

児玉は、昭和二十六年の五月、東京・音羽の鳩山一郎邸に追放中の鳩山を訪ねた。じつは、鳩山のもとに三木武吉、大野伴睦、河野一郎らが集まっていて、吉田茂の自由党を脱党して新党をつくろう、という機運が盛り上がっていたが、はっきりしないのが鳩山一郎であった。

「わしに任せていてください」

児玉は、鳩山に決断をうながすために訪ねたのであった。

秘書の石橋義夫が、児玉にすすめた。

「先生はいま昼寝してますから、なんなら寝室へどうぞ」

児玉も遠慮しないほうなので、そのまま寝室へズカズカ入っていった。鳩山は、一人で寝台の上に横になりながら、人なつっこい笑顔で児玉を迎えた。

児玉は、何かの話から鳩山に訊いた。

「ときに先生はこのごろ、チンポは起ちますか?」

鳩山は、いかにも自信なげに答えた。

「それが、どうもねえ……」

児玉は、「どれ」というや、毛布のあいだから、そうっと鳩山の股間に手を入れた。キンタマを、静かに握った。

鳩山は「よせよ、ひどい奴だなア」とつぶやきながらも、アハアハアハと大いに笑った。

「先生、これがロクに起たんようじゃあ、天下は取れにくいです。それぐらい元気がなくては……」

児玉はそういいながら、差し込んだ手を毛布から引いた。鳩山のキンタマを掴んだのは、おそらく児玉一人であろう。

資金難もあり、意気消沈していた鳩山は、この一件で吉田茂から政権を奪取する決意を固めたといわれる。いわゆる「鳩山一郎キンタマ事件」である。

鳩山は、その直後の昭和二十六年(一九五一年)六月十一日、脳出血で倒れた。

が、皮肉にも、それから二ヵ月たった八月六日、追放解除となった。この少し前、鳩山に近い政治家の石橋湛山も三木武吉も、パージから外された。

昭和二十七年（一九五二年）十月末、第四次吉田内閣ができてまもない頃のことであった。当時、目黒の自由が丘にあった児玉邸で、鳩山一郎、三木武吉、広川弘禅、児玉の先輩である右翼の大物三浦義一、児玉の五人が会談した。

広川は、吉田側近の党人派政治家として台頭。民主自由党幹事長に起用された。以後、総務会長や三度もの農相を歴任していた。広川は、この頃は、たいそう羽振りのいい時代であった。吉田率いる自由党の幹事長に、佐藤栄作が起用されるか、それとも広川がふたたび就任するかで、党内がもめていた。

三木をはじめとする鳩山派の強硬分子は、反吉田を掲げた自由党民主化同盟を結成していた。

このとき、三木は考えていた。

「広川をこのまま吉田の側近にしておいたのでは、鳩山には早急に政権がまわってきそうもない。鳩山首班を早く実現させるためには、広川をこちら側に引っぱってくるのが先決問題だ」

三木は、言葉尻に「ダ」の多い独特の口調でいった。

「広川君は、三浦君のいうことなら、たいていのことは聞くはずだ。そこでダ、きみの家で、三浦君ときみが立ち会って、鳩山と広川を、会わせるようにしてくれ。もちろんおれも、その席に出ていく」

児玉は、敵を謀るにはまず味方からと、当の鳩山にはわざと内容を伏せておき、鳩山を自分の邸に誘い出した。

「めずらしい魚が獲れたので、ご馳走します」

一方、三浦に頼んで、広川を呼び出してもらった。

計画はうまく運んで、鳩山、広川、三浦、三木の四人はそれぞれ前後して児玉邸に集まった。

そして、三木のあざやかな演出によって、広川の吉田離れは進んでいく。

この会談の後、三木は、児玉に、例の口調でいった。

「児玉君、きみにはいつも損な役まわりばかりかけるな。しかしダ、芝居というヤツは、白塗りだけではできんゾ、どうしても、赤ツラがなくては芝居にならん。おれは、政治家としてはダ、必ずしも鳩山に劣るとは思っていない。だが、このおれに、総理の役がダ、やれると思うかい。天下が取れるかい。そこでダ、おれにしたところで、芝居でいう狂言まわしになって働く、つまりこれなんだ。それでダ、いい政治ができれば、何の不足もなかろうじゃないか。要するに、赤ツラは、赤ツラとしての立場を守ればいいんだ。きみもまた、その赤ツラの一人だナ。なあに、いまにきっとそれがわかるはずだ。そして、国の政治をおこなううえで、赤ツラがいかに大切であり必要であるかもダ、きみが年をとれば、やがてわかってくるだろうよ」

「少数政党でも、吉田内閣を追い落とせる」

吉田茂はついに広川弘禅をさしおいて、幹事長に佐藤永作を指名し、それを実現させようとした。広川とすれば、腹が立ってたまらなかったのだろう。

昭和二十八年（一九五三年）一月二十五日、自由党大会がひらかれた。広川率いる同志クラブ、鳩山率いる民主化同盟派が、佐藤幹事長案に反対のため役員指名を延期。が、一月三十日、ついに、吉田のねらいどおり、幹事長に佐藤栄作が就任した。

二月三日、総務会長には、鳩山派の三木武吉が就任して妥協をはかった。

このあたりから、広川は、ハッキリと吉田を離れて、鳩山のほうに近づきはじめた。

二月二十八日、第十五回特別国会の衆議院予算委員会の席上、右派社会党の西村栄一が質問した際、吉田総理はつい興奮して、怒鳴ってしまった。

「バカヤロー」

その後、吉田はすぐにその暴言を取り消した。が、この「バカヤロー」発言は、がぜん政治問題として、野党から取り上げられた。さっそく、右派社会党がその夜に、首相の懲罰動議を提出した。

三月二日、衆議院で吉田総理の懲罰動議の採決がおこなわれた。与党自由党のなかでも、反吉田色が強い民主化同盟派と同志クラブが欠席戦術をとった。その結果、百九十一対百六十二で、吉田総理懲罰動議は、可決されてしまった。

広川の裏切りに怒った吉田派は、広川を農相から罷免しただけでなく、さらに、それではまだ手ぬるいというので、党から「除名」するといい出した。

一方、三月十四日、自由党民主化同盟派議員二十二人が、院内団体分党派自由党（分自党）結成を届け出た。代表者は三木武吉であった。

野党側はこの形勢を見て手をたたき、吉田内閣に追い打ちをかける意味で、内閣不信任案を出す態度を決めた。三木武吉らは、広川派や前田米蔵らの中間派も誘って、この不信任案を利用して、内閣を総辞職に追い込もうとした。これに対して吉田のほうは、「もしも不信任案が通れば、ふたたび解散する」と公言して、政局は極度に悪化した。

同日には、改進党と左右両派社会党の三党が、吉田内閣の傷口を開くように、内閣不信任案を提出した。賛成二百二十九、反対二百十八、鳩山ら分自党も賛成で、可決された。

その二日後の三月十六日、広川派十五人は、自由党を出て、鳩山らの分自党に合流した。こともあろうに広川は、分自党の選挙対策議長におさまった。

三月十八日、分自党は総会を開いた。総裁に鳩山一郎を推挙。分自党総裁によろこんでなった鳩山は、これからおこなわれる総選挙について確信していた。

〈三十五人の少数政党でも、選挙の結果はかならず百人は取れるし、改進党と提携すれば、吉田内閣も追い落とせる〉

しかし、鳩山らは、分党と同時に選挙に臨んだため、全国に党の組織は一つもなく、そのうえ資金も思うにまかせなかったことも事実である。

四月十九日、第二十六回総選挙がおこなわれた。

自由百九十九、改進七十六、左社七十二、右社六十六、分自三十五、労農五、共産一、無所属十一であった。保守党が後退し左社が躍進した。なお「裏切り者」のレッテルを貼られた広川は、落選に泣いた。

吉田は、選挙中から、「もしも二百人を割ったら、下野する」と公言してきたが、前言はどこ吹く風といった調子で、五月二十一日、少数単独内閣をつくった。これが第五次吉田内閣である。

「あのカネは、返したことにしてくれ」

この選挙にあたり、分自党所属の現職議員は三十五人だったが、この一戦でうまくいけば、百人内外を獲得できそうな見通しであった。

しかしながら、三木武吉の「解散なし」との誤算などあって、資金その他の準備も十分ではなかった。児玉の眼から見れば、戦わずして、すでに勝敗の帰趨がほぼ見当ついたかに思えた。

ちょうどその頃、三木が、児玉に訊いた。

「きみは、保全経済会の伊藤斗福という人物を知っているか?」

「読売新聞にいる遠藤美佐雄君から、その人のことはうすうす聞いたことはある。が、まだ一度も会ったことはない」

「保全の伊藤君は、これまで政治関係の者にたびたびカネを出しているようだ。が、くだらんやつに出すより、おれのほうに、少しまとめて貸すように話してくれ」

三木の希望は、額にして五千万円、選挙がすめば、都合のつき次第返済する、といったものだった。投票日もいよいよ間近に迫っている。三木は、資金づくりに苦しんでいた。

児玉は、さっそく読売の遠藤に頼み、保全経済会の責任者たる伊藤斗福に掛け合ってもらった。伊藤からは、まんざらでもない返事があったという。

「いちおう、三木先生にお会いしたうえで」

約束の当日、赤坂の料亭「ひさご」の一室で、三木と経済誌「東洋経済」の主幹をへて鳩山派の代議士となった石橋湛山、それに、伊藤と児玉が顔をそろえた。

三木は、伊藤に単刀直入に切り出した。

「五千万円貸せ！」

言葉はすこぶる簡潔だが、三木の態度と口調は、人を納得させずにはおかぬ気迫がこもっていた。

伊藤は、落ちつき払っていた。

「お話はわかります。が、しかし、お貸しすることよりも、むしろ保全の広告記事を一年間ほど、石橋さんの『東洋経済』に載せていただくこととして、その料金を概算四千万くらい前納するという形式では」

その場で石橋は、どっちつかずの返事をした。

「そりゃあそれでもいいが、東洋経済はすべて宮川君にまかせてある。そのことなら、彼に会って、じかに決めてほしい」

その翌日、東洋経済の本社で、責任者の宮川三郎と伊藤が会った。児玉も三木の代理的立場で、その席に立ち会った。

宮川がいった。

「名目は広告料だが、四千万円は、実際は選挙に使うのだから、わたしは関係がないのだ。もし広告を出されるのなら、それとは別に、掲載料を払ってほしい。それにしても、通常のものなら結構だが、記事広告となると困るので……」

単に、記事広告は困るだけなら、伊藤としてもわからなくはなかった。が、四千万円のほかに掲載料をよこせ、といわれ、この話は、ついにお流れになってしまった。

話が壊れて帰る道すがら、車のなかで、伊藤がいった。

「あんな兵六玉と話したって、無駄です。しかし、それでは三木先生が困るでしょう。思いきって三千万円だけ出しましょう。その代わり、将来、保全の立法化に協力するようにぜひ」

保全経済会は、庶民から配当の条件つきで出資させたカネを、一方において貸し付け、利ざやを得ていた匿名組合である。法律的裏づけのない特殊な金融業だった。それゆえに、伊藤は、「相互金融法の立法化」をもくろんでいた。

児玉は、三木にその旨を伝えた。

「うむ。それは大いに助かる！」

三木は、眼を細めてよろこんだ。

翌日、伊藤は、約束どおり、鳩山邸で三千万円を渡した。三木は、中腰のまま、

「すまんが伊藤君、急ぐので容れ物ごともらっておく」と、そのバッグを抱えてあたふた音羽の山を降りていった。

ところが、保全経済会が、昭和二十八年十月、つまり、総選挙から半年そこそこのうち、休業したのである。多くの大衆投資家に被害が出た。

そこで、検察庁の手が入った。右派社会党の平野力三、改進党の早稲田柳右衛門、東洋大教授の松本信次が有給顧問となり、「相互金融法の立法化」をもくろみ、多額の運動資金が、政界各方面に流れていることがわかった。

昭和二十九年（一九五四年）の一月下旬、再開された第十九回通常国会で、が

ぜんこのことが問題化した。二月一日には、衆議院の行政監察特別委員会でも、これを取り上げた。

問題の三人の有給顧問を、証人として喚問することとなった。ついに政治問題にまで発展したのである。

平野は、質問に対し、爆弾証言をした。

「音羽の鳩山邸で、鳩山・三木両氏に、一千万円を献金した、ということを、伊藤氏から聞いている」

三千万円が一千万円になっていたが、検察当局の追及は、おさまらなかった。

そこで、三木が、児玉にいいつけた。

「鳩山が天下を取るまでは、こんなことで傷をつけてはならぬ。で、あのカネは、あのとき鳩山は受け取らず、そのまま伊藤君に返したことにしてくれ。そして、別なカネをきみがつくって、おれにくれたことにして欲しいんだ」

他ならぬ三木の頼みでも、児玉は、このことばかりは、さすがに断りたかった。だが、「鳩山に累をおよぼしたくない！」との、強いての言葉に、結局応ずるほかなかった。

そして、夏の暑い最中、三木も児玉も、何回か検察庁に呼ばれ、さんざん油をしぼられた。つまり、児玉と三木の二人で、泥をかぶったわけである。

三木は、伊藤が保釈になってからも伊藤に会うたび、「あのときはすまなかった！」と、人前でもたいそうていねいに頭を下げた。保全経済会は、昭和二十九年七月に、倒産した。

三木は、昭和三十一年七月四日に亡くなるが、臨終の少し前に児玉を呼んで、遺言した。

「多少ともカネが残っていたら、裁判の見舞金として、伊藤君に、たとえ五十万でも渡してくれ」

三木が亡くなってまもなく、児玉は、三木の仏前で伊藤と対座し、この言葉を伝えて五十万円を伊藤に渡した。伊藤は、感極まって男泣きに泣き、しばらくは面を上げられなかったという。

のち、伊藤の裁判にあたって児玉は、一証人として法廷に立った。児玉は、裁判長にこう答えた。

「わたしの考えでは、伊藤斗福が、本事件の被告であることにつき、大きな疑問をもっています。端的にいうと、本当の被告こそは、保全を立法化してやるとの口実をもうけ、伊藤君から多額のカネをむしり取った政治家こそ、それではないかと考えます」

この陳述に対して、児玉は思った。

〈もし〝霊〟あるとすれば、地下に眠る三木老人は、さぞかし苦笑いしていることであろう〉

「わたしに鳩山さんを口説けといわれるんですか!」

昭和二十八年四月十九日の総選挙の結果、鳩山派は、解散前と変わりがなく、自由党はわずかに減った。が、自由党は、第一党の地位は確保し、第五次吉田内閣をつくった。

この頃、鳩山派の大多数は、自由党へ戻った。三木武吉、河野一郎、松田竹千代、松永東、中村梅吉、山村新治郎、池田正之輔、安藤覚の八人が踏みとどまって、新たな日本自由党を結成した。

鳩山が二度目に自由党を離れ、新党結成の下準備をしていたときのことである。

三木武吉から、児玉に電話があった。

「急いで来てほしい」

児玉は、さっそく牛込河田町の三木邸へ駆けつけた。

そこに、三木と河野一郎が、むずかしい顔をして向かい合っていた。

三木は、沈痛な表情でいった。

「きみ、困ったことができたぞ！　じつはナ、鳩山が腰を抜かしてしまったんだ」

三木は、言葉をつづけた。

「われわれみんなが、こうして肚を決めたというのに、肝心の当人は、いっこうに起ち上がろうとはしない。こんなことではダ、鳩山は永久に、政権を取ることはできはせん。そこでわれわれはダ、彼の尻をたたいて、ぜがひでも新党結成、反吉田、つまり吉田打倒の線に踏み切らさなくちゃあならん。だが、ここで強引に鳩山を説得し、動かせる者はダ、きみ以外にないと、おれは思う。もしこれが実現できン場合はダ、同志の一人松村（謙三）氏に対しても、おれは顔向けができンことになる。この三木武吉はダ、すでに松村と、固い約束がしてある。仮にこれができねばおれはもちろん、松村もともに代議士を辞めずばなるまい」

「すると、わたしに鳩山さんを口説けといわれるんですか！」

児玉は感じた。

〈これはヘタをすると、自分はとんだ役目をひっかぶる〉

つまり、口説くというのはおとなしい表現で、そのじつは、場合によっては強談をも覚悟してかからねばならないのだ。

三木は、角張ったアゴをしゃくって、そうだ！　そのとおりといいたげな面持ちである。そして、またもや吐き出すようにいった。

「鳩山のやつ、ここでノホホンと座っていて、それで天下が取れるとでも思い込んでいるんじゃろうか！　おれたちはダ、あれに本当の政治をやらせたいばかりに、保全経済会の問題にせよ、どれにしても、悪名はおれときみがダ、肚のムシを殺して引っかぶってきたんだ！　きみにしても、考えてみろッ、終戦後から今日まで、鳩山に貸しこそあれ、何一つ借りはあるまい。きみのいうことなら、あれは必ず聞く！　だから、きみに行ってもらうことに決めておる」

「せっかく、ここまで仲よくやってきたのに、いまそれをやると、鳩山さんと自分のあいだに、必ずシコリが残るでしょう。この役だけは、カンベンしてほしいのです」

三木は、不気味な三白眼で児玉を睨みすえるようにしていった。

「鳩山を説得するということ、ときによって、あるいは尻をまくるということ、これはダ、いまに日本のためになるはずだ。吉田の天下をこのまま存続させておくことは、溜まり水にボウフラがわくとおなじだ。現にそのボウフラが、蚊になりかけておるではないか！」

児玉は、鳩山邸を訪ね、開口一番いいきった。

「この土壇場になって、いまもって先生の態度がはっきりしないことは、あまりにも見苦しく、ふがいないことのように思えます。あるいは、わたしの考え違いかもしれんが、いまの自分の眼から見ると、先生はどうも腰抜けとしか思えない。この際、断然踏み切って、旗じるしを鮮明にしていただかねばならぬ。そうしないことには、同志の結束も破れてしまうし、先生は永久に社会のモノ笑いになるばかりです」

しかし、鳩山は、べつに表情を変えるでもなく、いたって悠然と、にこやかに児玉を見守っていた。

「そうかネ、三木のやつ、問題がそこまできているんだったら、はっきりそのようにいえばいいんだのに……やつは一人で、イライラして気をじらせていたわけだなあ。きみたちも考えてみたまえ。どうせぼくの体は、そっくり三木君に投げ出しているんだぜ。だから、ぼくが聞くも聞かんもないじゃあないかネ！」

児玉はこれを聞いて、やれやれと思った。

〈直談判に訴えることなく、人を介して下話をしたことがよかった〉

鳩山内閣成立

昭和二十九年十月はじめ、それまで改進党、分自党と自由党内部の有志で結成していた新党協議会は、いよいよ新党結成準備会となった。十一月十五日には、新党創立委員会と看板を変えた。鳩山一郎は、そのいずれにも委員長に推された。十一月二十四日、ついに「日本民主党」が結成された。鳩山一郎が総裁、重光葵が副総裁、岸信介が幹事長に就任した。

十一月三十日、臨時国会が召集された。日本民主党は、自由党と妥協せず、吉田内閣に対して真正面から内閣不信任案を出す方針を決めた。この臨時国会では、日本民主、左右両派社会の三党が吉田内閣不信任案を突きつけてきた。この三党の衆議院での合計議席数は、過半数を超える二百五十三。これに対して、与党の自由党は百八十五議席であった。

不信任案が成立するのは、眼に見えていた。ところが、吉田は、これに対して内閣不信任案が成立すれば、解散という考え方を強く示した。自由党も一時は、ほとんどその意見に傾きかけた。

だが、最後に緒方竹虎が強硬に解散に反対し、総辞職を主張した。

十二月七日、目黒の総理公邸で、臨時閣議がひらかれた。吉田は、その大食堂に入った。

大野伴睦の顔を見るや、ズバリいった。

「総務会長、だれが何といっても、解散に決めましたから」

部屋のなかが、騒然となった。そのとき、吉田の指南役松野鶴平が、烈火のごとく怒った。

「いまになって、何をいうのか。解散すれば、党は壊滅だぞ！」

吉田は、ぷい、と二階に上がってしまった。大野らは、閣議をしている部屋から片っ端から閣僚を呼び出した。側近の佐藤栄作、池田勇人以外は、すべて解散反対論者であった。

二階に上がった吉田は、三女の麻生和子に電話をした。和子が出るなりいった。

「終わったよ……」

そう伝えると、吉田はさっと大磯の自邸へと帰ってしまった。ここに、約七年間もつづいてきた吉田内閣は、ついに総辞職したのである。

鳩山は、それを聞いて思った。

〈あくまでも解散を主張した吉田は、とにかく殿様流で、自分に逆らうものはなんでも切って捨てようという精神が滲み出ている。いいすぎかもしれないが、シェイクスピアの『マクベス』のなかに出てくるお化けのような人だ〉

十二月八日、自由党議員総会は、緒方竹虎を新総裁に決定した。

かくして十二月九日、衆参両院は、鳩山一郎民主党総裁を新総理に指名した。民主党は、昭和三十年三月上旬までに総選挙をおこなうことを約束して、自由、民主の両党の支持を取りつけ、衆院は鳩山百十六、緒方八十五の圧倒的多数で鳩山を支持した。翌十日には、鳩山一郎内閣が成立することになる。

その夜、鳩山は、自宅二階の書斎で、三木武吉、河野一郎と三人だけのわずかながらの時間を持つことができた。三木が、一言、ぽつりと漏らした。

「よかったな……」

そういうと、鳩山の手を固く握った。

河野は、何もいわずに顔をゆがめていたが、とうとうたまりかねて大声をあげて泣いてしまった。鳩山の自由党立ち上げ資金のために、児玉機関のカネやダイヤモンドを提供し、鳩山に天下を取らせることを願った児玉誉士夫の念願が、ついにかなったのである。

昭和三十年（一九五五年）四月十二日、民主党総務会長の三木武吉が、突然、爆弾談話を発表した。

「保守結集のために、もし鳩山の存在が障害になるなら、鳩山内閣は総辞職してもいい。民主党は解体しても、いっこうさしつかえない」

十月十三日には左右両派社会党が統一した。これは自由、民主両党の議員に、相当な影響を与えた。理屈や感情を越え、「これではたまらない」と危機感を抱いた。

十一月十五日、自由党と民主党は、ついに大合同を実現し、「自由民主党」が誕生した。

鳩山内閣は総辞職し、ただちに第三次鳩山内閣が成立した。

暗号名「トモダチ」の任務

日本政府は、米軍供与のF‐86Fが旧式化したため、昭和三十二年（一九五七年）六月、超音速ジェット戦闘機三百機のライセンス生産を決定した。

候補機種としては、ノースアメリカンF‐100D、ロッキードF‐104、ノースロップN‐156F、コンベアーF‐102A、グラマンF11F‐1F、リパブリックＦ－１０５の六機であった。

空幕（防衛庁航空幕僚監部）の意見は、当初、ロッキード採用であった。が、昭和三十一年春から、輸入商社、日米のメーカーが政官界に激しい売り込み運動をはじめた。いわゆる「第一次Ｆ－Ｘ争奪戦」である。次期主力戦闘機のＦ－Ｘとは、Ｆは「ファイター（戦闘機）」、Ｘは「未定」を意味する。

昭和三十二年の岸信介内閣当時に、児玉は、笹川良一のところへ相談にきた。

笹川堯によると、児玉は、笹川良一の前では、直立不動であったという。

「岸信介君とは、巣鴨プリズンの同級生だ。だが、いまの戦闘機の選定は臭い。これを徹底的に追及しようと思うが、いいか」

笹川良一は答えた。

「たとえ友人であっても、国家のほうが優先する。遠慮なくやればよい。ただし、私心があっては駄目だよ」

しかし、児玉は、笹川の意見を聞き流し、のちグラマン疑惑やロッキード事件が起こる。

昭和三十三年（一九五八年）四月十五日、防衛庁はＦ－ＸをグラマンＦ11Ｆ－１Ｆに内定した。

児玉は、ロッキード事件の「児玉ルート公判検察側冒頭陳述書」によると、じつは、このとき、すでにロッキード社のコンサルタントになっていたのである。

ロッキード社は、昭和三十二年頃からロッキード・エアクラフト・インターナショナル・リミテッド（LAI）社長のジョン・ケネス・ハルを、日本に滞在させた。ロッキード社のF－104型戦闘機の売り込みにあたった。ハルは、昭和二十年代の終わりから三十年代の初めにかけて、日本政府に対してロッキード社のP－2J対潜哨戒機ネプチューンやT－33練習機などの売り込みに成功していた。

ハルは、昭和三十三年四月、日本政府にF－104型戦闘機を採用させるためには、代理店の丸紅だけを頼りにしていては駄目だ、日本の政財界に隠然たる勢力をもつといわれる児玉の力を得る必要があると考えた。

ハルは、児玉と親交の深いジャパン・パブリック・リレーションズの代表取締役福田太郎の紹介で、児玉と会った。福田は、昭和二十四年六月に児玉の著書『われ敗れたり』を英訳していた。ジャパン・パブリック・リレーションズ社を設立するときも、発行株式三百株中二十株を児玉に引き受けてもらっていた。

ハルは、福田に通訳させ、児玉に要請した。

「F-104型の選定について、尽力していただきたい」

児玉は、さっそく福田から各種資料を取り寄せて検討し、ハルに確約した。

「コンサルタントとして、ロッキード社に協力しましょう」

しかし、児玉は、ロッキード社との関係が公になることを極度に警戒した。ロッキード社に強く要望した。

「契約書などは一切作成しないで、あくまで秘密コンサルタントとして活動し、報酬は日本円の現金で支払ってほしい」

ロッキード社は、これを了承した。以後、ロッキード社と秘密コンサルタント児玉との連絡には、児玉の暗号名「トモダチ」が使われた。

児玉はロッキードとの秘密コンサルタントの確約後、F-104型戦闘機を採用させるために、当時経済企画庁長官であった河野一郎と組んで画策をはじめた。

児玉、河野の戦闘機販売の敵は、グラマンF11F-1Fを推す岸総理であった。

河野は、昭和三十三年六月、岸総理に、喧嘩をふっかけた。

「グラマンには、試作機が三機しかない。そんな幽霊機なんか、取り消してしまえ！」

児玉はさらに、グラマン派を追及できる情報を得る。

〝森脇メモ〟で「グラマン疑惑」を追及

児玉は、昭和三十三年の夏、日本橋にあった高利貸しの森脇将光の事務所をふらりと訪ねた。

「国会でいま、防衛庁飛行機のF－Xの機種選定でゴタゴタやってるけど、どうもスッキリしない。オヤジさんのところにくれば、何かあるのではと思ってね」

森脇はいった。

「あんたたちは、ワイワイやってるが、大仏さまのお尻を撫でているようなもんだ。天川勇って人物を、知ってるかい？」

「知らん」

「グラマン問題なら、その男の身辺を洗ってごらん」

児玉が「オヤジさんのところにくれば」といったのは、森脇が高利貸しゆえに独自の調査能力を誇り、それまでいくつかの戦後の重大汚職事件を暴くきっかけをつくっていたからである。昭和二十九年には、日本特殊産業の猪股功社長との紛争にからんで公表した、いわゆる〝森脇メモ〟が、「造船疑獄」の火点け役を果たした。

〝森脇メモ〟とは、森脇が赤坂の料亭の下足番にカネを握らせ、座敷に上がった客の名をメモしたものであった。その客の名から、事件のかかわりを炙り出したのである。昭和三十二年の「千葉銀行不正融資事件」を告発するきっかけになったのも、その〝森脇メモ〟であった。児玉は、森脇に聞けば、何か機種選定の裏情報が聞けるのではないかと勘を働かせたのであろう。

森脇が児玉と親しくなったのは、昭和二十七年の終わり、当時「新夕刊」という新聞社の山崎一芳社長が児玉を連れて突然、日本橋の森脇の事務所に訪ねてきたことにはじまる。

児玉は、それからたびたび森脇の事務所にカネを借りにくるようになった。当時のカネで五百万から一千万円の範囲であった。利息は低利だったが、ちゃんと払ってもらった。踏み倒しはなかった。児玉は、森脇のところにカネを借りにくるときはいつも一人で、サッと来て、スッと帰ったという。

児玉のカネの借り方というか、口実は変わっていた。森脇の長い金融業経験のなかで〝異色の借り方〟として印象に残るのが二例だけあったが、そのうちの一つが、この児玉であったという。

「森脇さん、わたしはおカネがないわけではない。ただ自分とこに面倒かけにくる連中、たとえばヤクザなんかの親分たちだが、あいつらはおれのカネだといって渡すと、返してくれない。だから、そうじゃなくてこれは森脇から借りてきたんで、自分がお前たちのために頭を下げて都合してきたんだというと、まあ、やつらも返すからなあ。で、借りたい。それに自分は無職だということにしてるし、無職の人間がカネを貸したんでは、税務署がうるさい」

児玉に貸すのは昭和四十年三月まで三十数回あったが、いつも必ず返してくれた。森脇も信用していて、そのうち家族ぐるみの付き合いになったほどだという。

児玉がグラマン問題に首を突っこむきっかけは、児玉が森脇に語ったところによると、大西滝治郎の旧部下が、等々力の児玉邸に集まった。その席で「どうも防衛庁のやってることは変だ」ということを若手の防衛庁官僚がいった。

「だいいち、二年間も一生懸命検討した結果、まさにロッキードに決まらんとするうちに、途中、突然、急カーブでグラマンが出てきて、グラマンに決まった。これは、じつにけしからぬことである」

「グラマン内定という事実については、ロッキードとそれからグラマンの比較表等々は、インチキがある。つまり、グラマンのいいようにつくり上げている」

児玉はその席でそういう声を聞かされ、そこで初めて、そういうことがあっては大変だと、動き出したという。

その後、児玉から森脇に報告があった。

「いや、天川勇というのは、あんたがいってたとおりだ、大変な野郎だ。アレは、防衛庁に住む大蛇だ。それも四畳半に住む大蛇だ。十畳、二十畳の広い部屋なら大蛇をよけて通れるが、四畳半ではよけるわけにはいかない。機種選定の道を腐らせている」

つまり、防衛庁という〝四畳半〟には大蛇がトグロを巻いているから、それ以上は中になかなか入れない。入っていくためには、この大蛇のご機嫌をとらなくてはならない。そのため、防衛庁関連の企業などは、この〝天川大蛇〟のご機嫌窺いに汲々として、赤坂の夜で必死に接待する始末だ、という。

昭和三十三年十月、森脇は、児玉が一生懸命に大蛇退治に動いているとわかって、児玉に例によって〝森脇メモ〟を渡した。

じつは、森脇が、天川勇の情報を掴んだのは、元警察庁警部によってであった。天川勇なる軍事情報屋が、機種決定をあずかる国防会議参事官やグラマンの代理店である伊藤忠関係者らと、都内の料亭、キャバレーで豪遊しているという。森脇は、その情報をきっかけに天川について調べはじめたのであった。

森脇メモには、天川勇の略歴まで書いてあった。

「明治四十一年、神戸市生まれ、慶大文学部卒。戦後、小松製作所に常務取締役兼業務部長として入社。昭和二十六年、池田蔵相当時、『わが国防衛力の基本的漸増計画』の立案に参加し、池田・ロバートソン会談で、米側の要求する陸上自衛隊三十二万人を半分の十六万人とし、日本側の提案どおり譲歩させた。これを実績として大蔵省はじめ、政府関係機関に陰の影響力をもつようになった。

天川勇がいかに〝グラマン内定〟に暗躍したか？

軍事情報ブローカーとして、国防に関するそれぞれの官庁極秘、秘、部外秘の機密書類を入手し、とくに、新三菱重工と深い関係をもって、防衛庁、国防会議との密接な連絡を保ち、〝グラマン内定〟に暗躍した」

そのメモには、一月から五月までのあいだ、天川がどの料亭やバーでだれと会っていたかが二十四件、細かく書かれている。それは、次のように正確なものである。

「一月二十三日、料亭『幾松』。古賀通産省課長、他通産省？役人。岩瀬三洋電機半導体工場長と会食」

「一月三十一日『京稲』。天川。外山防衛庁、他防衛庁？役人」

児玉は「ありがとう」を連発、これで「大蛇退治ができる」と喜んで帰っていった。

児玉は自分でも収集した情報と森脇の情報をもとに、グラマン追い落としに暴れはじめる。

児玉は経済誌「財界」昭和三十三年十一月十五日号での経済評論家で「財界」主幹の三鬼陽之助との対談で、グラマン汚職をにおわせることを掴んだと次のことを暴露している。

「国防会議から内閣に提出された答申書で他の候補機種と比較されているロッキード機はF－104A。しかし、この〝A型〟は旧式で、すでに新型の〝C型〟が完成している。

〝C型〟については、ロッキードがペンタゴンに、機密書類として五部を提出していたが、そのうちの一部が、五月段階ですでに防衛庁にあった。これは新三菱重工の由比直一航空機部長がアメリカから持ち帰ったものである。が、防衛庁幹部は、意図的にこれを隠していた」

「児玉はロッキード社の日本における国防省」

昭和三十四年三月、グラマン汚職は不正についての確証があがらないまま、衆議院決算委で打ち切られた。

ただし、六月十五日、国防会議で、グラマン内定は白紙還元となった。

十一月六日、国防会議で、F－Xはロッキード F－104Cの改良型と決定。主契約者が新三菱重工、従契約者が、川崎航空機に指定される。

十二月、F－104Jの単価、百十五万ドル（四億千四百万円）以下と決定。

昭和三十六年三月、F－104J、百八十機の生産契約がおこなわれた。

こうして児玉の加担した河野派は、岸派を追い落とし、ロッキード決定を呑ませたのである。ロッキード社のハルは、この成功に狂喜した。

この十年後、第二次F－Xが問題化したとき、昭和四十三年四月の参院決算委で社会党の大森創造が、発言している。

「ロッキード、グラマンの戦争、あえて戦争とわたしはいいます。……あのときに流れた政治資金、これは通説十億だという。ロッキード、グラマンが候補に採用される段階で、三億、両者がしのぎを削る段階で、三億、ロッキードということに決定したときに四億、合計十億流されたという話を、わたしは聞いておるのです」

児玉は、この逆転劇において運動資金名目でロッキード社からハルを介して、数回にわたり現金各五百万円位を受領していた。児玉は、決定後謝礼名目で数回にわたり、現金各三百万円位を受領し、また、感謝文つきのF－104型戦闘機の模型の贈呈を受けた。戦闘機の売り込みの成功は、ロッキード社の児玉に対する評価を高めた。

のちにロッキード事件が発覚したとき、ロッキード社のアーチボルト・カール・コーチャン会長は、「児玉はロッキード社の日本における国防省」とまで証言している。

「どうか岸内閣を助けていただきたい」

一方、政府はこの間の昭和三十三年（一九五八年）十月八日、警察官職務執行法、いわゆる警職法の改正案を突然国会に提出した。警職法の改正とは、大衆運動の高まりを警戒した岸内閣が、その取り締まり強化のため、警察官の職務権限を拡大しようとしたものである。ただし、岸内閣は、昭和三十三年末から警職法改正法審議の行き詰まりと、会期延長の強行によって苦境に陥った。

国務相に就任していた池田勇人は、警職法紛糾に対する岸の責任を追及した。岸の強引にすすめた警職法の改正は、警察官の権限を強大にするため、憲法に定める基本的人権・言論・集会・思想・表現の自由等が根本的に侵害される心配があると判断しての批判であった。

池田、三木武夫経済企画庁長官、灘尾弘吉文相の三人は、十二月二十七日、ついに岸に辞表を提出した。三人の閣僚のうち、もっとも強硬であったのは、池田であった。

岸総理は、肚の底では思っていた。

〈三閣僚のうち、三木君は去ってもらっても、残ってもらっても、どうでもいい。灘尾君は、石井（光次郎）君との関係でああせざるをえない〉

灘尾はこの頃、石井派に属していた。

岸は、池田の説得にかかった。

しかし、池田は、マスコミに啖呵を切っていた。

「岸さんとは、政治理念を異にする」

そのせいもあり、いくら説得しても駄目であった。

岸内閣は、抜き打ち会期延長の強行と、警職法単独審議の構えを取った。が、警職法の廃案で野党と妥協しようとするなど、国会対策は苦境の連続であった。結局、十一月、警職法は廃案となった。

岸総理の方針は、このような情勢によって一貫しなかった。大野伴睦は補佐の任に堪えずとして、副総裁の地位を辞任して身を引こうと、ひそかに決意していた。先に池田、三木、石井の反主流三派が閣僚引き上げをやって、いままた主流派の大野が副総裁を辞めれば、孤立した岸、佐藤両派が一日も政権を維持できないであろうことは、だれの眼にも明らかであった。

このような政治危機に包まれた昭和三十三年の暮れに、河野一郎が佐藤栄作のところにきた。河野は、ささやくようにいった。

「どうも、大野の動きがおかしい。池田と松村（謙三）が画策して、大野を引き込もうとしている。しかし、大野は、どうしてもこちらに引き留めておかなければならない。総理から大野に『あとはきみに譲る』と一言いってもらえば、具合がいいのだが」

岸は、佐藤からこの話を聞いて答えた。

「そんなことは、できないよ」

「先のことはどうでもいいのだ。とにかく、ここは、一言そういってくれればいいい、と河野はいっている」

　岸は、引き受けた。

「それでは、会うと伝えてくれ」

　大野の去就について関心をもち、従来どおり主流派で協力を仰ぐべく、岸、佐藤二人の友人である大映社長の永田雅一、北海道炭礦汽船（北炭）社長の萩原吉太郎、そして児玉誉士夫の三人を通じて、協力の懇請があった。

　静岡県伊東市の別荘で静養していた大野に、昭和三十四年（一九五九年）一月五日、突然、岸総理から電話がかかってきた。岸は、熱海の別荘にきていることを伝え、誘った。

「別荘開きをするから、きてくれ」

　大野が岸のいる熱海の別荘へ顔を出すと、河野一郎もいた。

　その席上、岸は、大野に切々たる言葉で頼み込んだ。

「どうか岸内閣を助けていただきたい。わたしは、太く短く生きるつもりです。いつまでも政権に恋々としていようとは思わない。しかし、いま退陣したのでは、岸内閣は何一つしなかったといわれ、世間から笑われます。わたしは岸政権の歴史に残るただ一つの仕事として、安保条約の改定をしたい。安保改定さえ終えれば、わたしはただちに退陣します」

吉田茂首相が昭和二十六年九月に調印した安保条約（日米安全保障条約）は、日本でアメリカ人が犯罪を起こしたときの裁判権がアメリカにある、日本の内乱に米軍が出動できる、安保条約の期限が無期限、など、ひどく不平等であった。岸は、そのようなポイントをすべて直し、平等の安保条約に改定することに執念を燃やしていた。

岸は、より力を込めていった。

「後継者としては、大野さん、あなたがいちばんよいと思う。わたしは、あなたを必ず後継総裁に推すつもりです」

大野はいった。

「総理大臣になるような柄ではないし、そんな野心もない」

事実このとき、まったくそんな気はなかったので、べつに気にもしなかった。

大野は、きわめて淡泊に岸からの協力の要望に答えた。

「佐藤栄作君さえ、今後の言動に気をつけてくれれば……」

岸の実弟である佐藤は、吉田茂の子飼いなので、反吉田であった河野、大野とそりが合わなかった。

河野は、岸に「きみはいつまでやる気なのかい！」と訊いたのに対し、岸は、「安保問題だけは、なんとか自分の手で通させてもらいたい」と、はっきり言いきったという。

児玉は『悪政・銃声・乱世』で、このときの河野の動きについて書いている。

「この熱海会談によって、岸・佐藤と、大野・河野の四派の内部事情は一応おさまったかにみえたが、ひっきょう、これはシナ料理でいうと前菜みたいなもので、この程度の話し合いでは、とうてい複雑錯綜した派閥間の暗闘は、そう易々としずまるわけはなかった。

で、それから間もない一月の十日、党内関係の調整という名目で、河野・川島（正次郎）・福田（赳夫）の党三役が辞任――というよりも詰め腹といったほうがいいだろう――のやむなきにいたり、その結果、とくに河野氏のごときは、岸首相にたいして、これまでにない強い不信感をいだくようになったのである。（中略）

また、こうした河野さんの反岸的うごきに、大野さんが同調したのも、両者の従来の関係からすれば、むしろ当然であったと言えはしまいか。（中略）

そこで、主流派に大野・河野の両派をふくめた党内の調整と結束が、にわかに必要となってきた」

大野副総裁への誓約書

昭和三十四年一月十六日の夜、日比谷の帝国ホテル新館光琳の間で大野らはふたたび会った。岸、大野、河野、佐藤栄作、それに岸、佐藤、河野らの友人である永田雅一、萩原吉太郎、児玉誉士夫の三人もオブザーバーとして加わった。

岸、佐藤兄弟は、この席でふたたび大野に頼んだ。

「岸内閣を、救ってくれ。そうしたら安保改定直後に退陣して、必ず大野さんに政権を渡す」

児玉によると、このとき永田がいった。

「政治家諸公は、ときどき口にしたことを、実行しない癖がある。今日はひとつ、誓約書をつくっておかれてはどうか」

岸も、素直に同意した。

「そうしよう」

その部屋には墨筆がないので、秘書を呼んで、筆、硯、墨に巻紙を取り寄せさせた。

まず岸みずからが筆をとり、後継者に大野君を頼むという文書をしたためた。しかも、大野の次は河野、河野の次は佐藤、という政権の順序まで約束したのである。

その文面に、四人の署名がおこなわれた。

「昭和三十四年一月十六日、萩原、永田、児玉三君立会の下に於て申し合わせたる件については協力一致実現を期すること右誓口約する。

昭和三十四年一月十六日

岸信介
大野伴睦
河野一郎
佐藤栄作

岸は、署名を終えると念を押した。

「約束は守る。ただし約束が実現するためには、あなた方がわたしに全面的に協力することが前提である。これは、わたしとあなた方との約束である。もしもあなた方がこの約束をたがえたなら、この誓約書は、その瞬間に反故になるとご承知いただきたい」

出席者は、みな了承した。

この念書は、萩原が自分の経営する北炭の金庫に保管しておくことになった。

この帝国ホテルの会合で、大野と河野の協力を取りつけることのできた岸・佐藤兄弟は、ようやく危機を脱することができた。

大野は、この念書のことを、少数の同志に打ち合けた。同志たちは、大野に進言した。

「岸君がそれほどまでにいい、堅く約束するならば、総裁に立候補しなさい」

大野も、肚がまえができた。

〈政党政治家として、政権をいつまでも官僚の手に委ねておくよりは、一度は純粋な党人の手で握り、理想的な政党政治の軌道に戻したい〉

大野は、このときの申し合わせにしたがって党内収拾に乗り出した。川島幹事長、河野総務会長の二人を退陣させて、福田赳夫幹事長、益谷秀次総務会長、中村梅吉政調会長の新執行部をつくった。石井派の坂田道太厚相、石橋派の世耕弘一経済企画庁長官、参議院佐藤派の伊能繁次郎防衛庁長官の三閣僚を補充入閣させることで、当面の破局を回避した。

かくて、岸は一時は投げ出しかけた政権をようやく維持し、一月二十四日の第六回定期自民党大会で、松村謙三を三百二十対百六十六で破り、総裁に再選することができたのである。

「この勝負はトンビに油揚げで終わるかもしれませんよ」

岸は、大野、河野が約束を守るかぎり、自分も約束は実行するつもりであったという。

しかし、六月の岸改造内閣の組閣および党役員改選で、河野は岸に反対する態度に出た。

内閣改造、党役員人事に臨むにあたり、岸が主眼としたのは、いかにして新安保条約の批准を円滑に実現するかであった。そのためには、党内の結束が絶対の条件であった。社会党とはどんなに話し合っても、了解を得ることは不可能であった。安保改定は、自民党だけでおこなわなければならなかった。

岸は、かねてから池田勇人、佐藤栄作、河野一郎、三木武夫の四人を、次の保守政界をになう人材と思っていたので、この人事にあたっても、できるならばこの四人の一致した協力を望んでいた。

六月二日におこなわれた参議院選挙のあいだから大野副総裁の案として「河野

幹事長、池田総務会長、佐藤政調会長」が取り沙汰されていたが、河野は幹事長のポストに執着していた。しかし、岸には、そんな気持ちはなかった。河野には、もちろん入閣してもらうつもりであった。前年昭和三十三年の六月に第二次岸内閣を組閣した際、実弟の佐藤栄作を蔵相に起用したことから〝岸兄弟内閣〟という批判が出ていた。それをかわすために、ほかの実力者といわれる人にも入閣してもらいたかった。ただ河野、池田二人の協力を同時に取りつけることは不可能な情勢であった。二人の反目はすさまじく、二人が手を取り合って岸を助けるなど、とうてい期待すべくもなかった。

岸は、二人のうちどちらをとるかの決断に迫られた。その場合どちらにするのかについては、岸の肚は前から決まっていた。河野である。

〈これまでの交友関係からいって、河野さんの協力を得たい〉

岸は、最初に河野を呼んで誠心誠意説得にかかった。もしも河野が了解すれば、池田が反主流にまわる事態は覚悟のうえである。

「幹事長に固執しないで、ぜひ入閣してほしい」

しかし、河野は拒絶した。岸にはこのときの河野の心境が、その後もいくら考えてもわからない。

岸は、河野にいった。

「きわめて遺憾だが、きみがそういうのなら仕方がない。しかし、きみに断られた以上、わたしは池田君の説得に全力を尽くさなければならない。それは、承知してほしい」

河野は、まるで池田の動きを読んだようにいった。

「総理がどんなに池田君を説得しても、彼は承知しないと思う。もしもそういうことになったら、もう一度わたしを呼んでほしい」

困りきった岸は、児玉に頼んでいる。

「あんたから河野君を説得して、ぜひ入閣し協力してくれるよう勧めてほしい。しかし河野・大野君らが、弟のことでできぬとあれば、不本意ながら池田君に協力を求めるほかない。だが自分は、これまでの関係からいっても、それを好まないのだけれども……」

そのときの岸の表情は、思いつめた気持ちでいっぱいのようだったという。

この頃の河野は、進退のすべてを大野に一任していた。児玉は、順序として、まず大野を説得しなければならなかった。

そこで、児玉は、赤坂の料亭「新長谷川」の一室で、大野と膝をまじえて、いきなりいった。

「オヤジ、この勝負の結果は〝トンビに油揚げ〟で終わるかもしれませんよ！」

するとと大野は、まるで寝起きの悪い虎のような顔つきになった。

「トンビとは、いったいだれのことかい？」

「このままだと、苦しまぎれに、岸さんは池田と組むでしょう」

「いやあ、おれは池田のほうで逃げると思うがねえ。しかしきみは、どうしろというんだ」

大野は、まだ合点がゆかぬらしい。

児玉は、さらに補足していった。

「わたしとしては、この際、河野さんを入閣させることがいいと思う」

大野はここで、ちょっと考えていたが、「きみのいうとおりで良かろう。それなら、ぼくから河野君にいおう」と、肚を決めた。

ちょうどそのとたん、さっと襖が開いた。当の河野が、ツカツカ部屋に入ってきた。それまでの河野は、この家の二階で自派の連中と会っていたところだった。

河野は、いきなり、池田派の動静について口を切った。

「いま入手した情報によると、池田はいくら岸に口説かれても、絶対入閣しないことに決めたそうだ」

　河野は、さもありなんといった面持ちで、昂然といい放った。

「ここでもし、大野・河野の両実力者が岸内閣を支持せず、池田氏が入閣しないとなったら、はたして現政府はどうなるか！」

　大野は、わが意を得たりとばかり、顔をかがやかせた。が、そこは古狸だけに、河野よりは、やや慎重さをしめした。

「そうか、そう決まったか。ともかく内閣を投げ出すかどうか、あと一日様子を見よう」

　そういって、静かに膝をたたいた。

　大野にせよ河野にせよ、内閣を潰さねばならぬほど岸が憎いわけでなかった。要するに、佐藤栄作への悪感情が、彼らをこうさせたのだろう。児玉は、そのことを、よくわかっていた。

〈岸さんは、弟のために得もしていたろうが、その半面では、ずいぶん損もしているわい〉

　この後児玉は、電話で岸に、この様子をそれとなく伝え、進言した。

「明早朝に大野氏を訪ねてゆき、直接会って話をすればいい。人情に弱い大野氏のことだ。河野入閣に、きっと骨を折ってくれるだろう」

ところが岸は、半ばあきらめたかたちであった。

「せっかくそういってくれることはありがたいが、じつのところ、馬鹿げた派閥争いには、ぼくもすっかり疲れたし、嫌にもなった。こんなことでは、おそらくだれがやってもロクな政治はできないだろう。で、明日池田君に会ってみて、どうしても嫌だといえば、もはや投げ出すほかはない。あとはみんなで、好きなふうにやればいい」

電話でのやりとりゆえ、岸の表情はよくわからなかった。が、その口ぶりから推しても、つくづく愛想が尽きてしまっているかのように児玉には思えた。

「例の誓約書は反故にするしかない」

翌日の昼過ぎ、大映の永田雅一社長が帝国ホテルに借りきっている専用の部屋に、大野、河野、北炭の萩原吉太郎社長、永田社長、そして児玉の五名が集まった。

大野が、開口一番いった。

「今日岸君が、池田を午後に呼ぶことになっている。が、たぶん池田は、その要求に応じないだろう」

つづいて河野も、大野とおなじ意味のことをしゃべった。

児玉は、大野の顔を見ながら、しみじみ感じないではいられなかった。

〈狡賢いヤツばかりいるいまの政界で、なんてまあ、人のいいオヤジだろう〉

そしてまた、つくづく思った。

〈河野さんという人も、ふだんはあれほど頭の切れる人なのに、いったん自分のこととなると、こうも感覚が鈍ってくるものか〉

児玉は、いつまでも黙っているわけにはいかないので、意見を述べた。

「池田がよほどの馬鹿でないかぎり、いちおうは岸さんに注文をつけておき、しかるのち必ず入閣するだろう。結局、この勝負は池田氏の思うツボであり、トンビに油揚げでしょう」

だが、大野も河野も、児玉の説には不服のようで、代わる代わるいう。

「きみはそういうが、池田君も政治家としての面子上、そんなことはやるまい」

しかし児玉は、心のなかで思っていた。

〈いまの政治家に、面子とかプライドというものがあるなら、血で血を洗うような派閥抗争は起こるまい〉

児玉はいった。

「でも、池田がもし入閣に応じたらどうします⁉」

大野は、憮然たる面持ちになった。

「うーむ、その場合か。そのときはまあ、われわれは党内野党の立場を堅持し、是々非々主義でゆくまでのことだ」

そういう問答をくり返している最中、外部からの電話で、いよいよ池田が入閣に決まったとの連絡が入った。

部屋の空気が、とっさに緊張した。大野も河野も、さっと顔つきが変わった。互いに無言のまま面を見合わせた。

結果は、池田が通産相、益谷秀次が副総理で入閣、佐藤蔵相は、留任となった。なお、河野とともに、三木武夫も入閣要請を拒絶した。党三役は、幹事長が川島正次郎、総務会長が石井光次郎、政調会長が船田中となった。

岸は、この体制で安保改定に取り組むことになった。池田、益谷らが入閣したといっても、これらの人たちが心からの主流派とはいいきれなかった。河野とは、袂を分かったような格好になったが、河野を完全な敵には追い込みたくなかった。

またそういう気にもなれなかった。このような情勢になったため、大野副総裁の比重が高まることは避けられなかった。

が、河野がさらに、倒閣の動きまで見せるようになると、岸は決心した。

〈理由はともかく、これは明らかに約束違反だ。例の誓約書は、反故にするしかない〉

結果として〝誓約書の有効期間〟は、半年足らずでしかなかった。

岸は、苦々しく思った。

〈政局の舞台裏における一場の茶番劇にすぎなかった〉

ただし、これはあくまで岸の思いにすぎない。大野側はなおこの密約は生きていると思い込みつづけていた。大野は、誓約書は、公にすれば、政権を私議したとの非難を受けることを知っていた。だから最後まで、こんな約束のあることを公表したりはしなかった。

ナベツネの証言「その証文を撮ったものをぼくは持ってた」

岸総理の安保改定に反対する学生や労働者によって、いわゆる「安保闘争」(六〇年安保)が盛り上がった。昭和三十五年(一九六〇年)六月十五日、全学連(全日本学生自治会総連合)主流派は、国会突入をはかり、警官隊と衝突。東大生の樺美智子が死亡した。その翌日、臨時閣議でアイゼンハワー米大統領の訪日延期要請が決定した。

日米新安保条約の批准書交換の終わった六月二十三日、岸総理は、臨時閣議を開いて、辞意を表明した。「岸退陣」を受けて、話し合いで後継者を決めようとした「五者会談」も「八者会談」も、まとまりのつかないまま日が経った。「五者」というのは、益谷秀次副総理、佐藤栄作蔵相、川島正次郎幹事長、松野鶴平参議院議長、重宗雄三参議院議員会長の五人。「八者」というのは、それに総裁候補の名乗りをあげた池田勇人通産相、大野伴睦副総裁、石井光次郎総務会長の三人を加えたメンバーである。どう考えても、この会談で「岸後継」を一本にまとめることは無理で、結局は公選によらざるをえまいという形勢であった。投票日近くなって、藤山愛一郎も立候補に名乗りを上げた。

その頃、総理官邸の官房長官室に、読売新聞政治部記者の渡辺恒雄が飛び込んできた。

岸内閣の官房長官であった椎名悦三郎の秘書官福本邦雄（のちフジインターナショナルアート会長）に筆者が聞いたところ、渡辺はいったという。

「おれは、内密のことを知っている。じつは、岸の後継総裁は、大野副総裁と決まっているのだ」

福本は、渡辺に訊いた。

「どういう根拠から、そういうのか」

「岸と大野とのあいだには、密約が交わされているんだ。児玉誉士夫、萩原吉太郎、永田雅一の立ち会いのもとで、大野に渡す、という誓約が交わされているんだ。そういうわけだから、椎名さんにも、大野と親しくするようにいってくれ」

福本は、初めて耳にすることで、椎名官房長官に、その密約について確認した。

「うーん、あるかもしれんな……」

椎名は認め、福本に胸の内を打ち明けた。

「岸派では、川島（正次郎）もおれも、大野を担ぐほうにまわる。赤城（宗徳）は、池田を担ぐことになる」

福本はいった。

「貧乏クジを引くことになりますね」

椎名は、溜め息まじりにいった。

「たしかに大勢は、池田に向かうだろう。しかし、親分が、大野に約束手形を書いている以上、子分としては、それを落とさないわけにはいくまい」

筆者は、一九八四年、『小説政界陰の仕掛人』の取材で、大野伴睦番の記者として、大野派内では幹部と並ぶ力を誇っていた渡辺恒雄（のち読売新聞グループ本社代表取締役会長）に、児玉との関係について訊いた。渡辺は答えた。

「児玉と知り合ったのは、大野伴睦の家に出入りしているうちに、大野伴睦と児玉が非常に親しいし、年中くるから、あの坊主頭はだれだ、あれが児玉誉士夫だということになった。

そうしてるうちに、帝国ホテルでの証文になるんです、政権授受の。それで大野伴睦さんに、その証文をなんとか見る方法はありませんかといった。証文があるということは、ぼくは大野さんにこっそりきいた。『じつは、証文がある。だからおれは総理になれるんだ』というんだから、あの人が。でも、現物をみてないし、動かん証拠をほしい。

まず、その証文はどこにあるんですかと訊いたら、児玉君のところに行きたまえといった。だけど、おれは児玉誉士夫は知らない。右翼の相当の親分だと思ってるから、気持ち悪いという感じもあった。じゃあ、おれが紹介してあげるというんで、それで、とにかくはじめて等々力の児玉邸に行った。そのときに、ミノックスといったか、スパイのつかうちっちゃいカメラを持って行ったんです。鎖がついてて、十インチかなんか、わずか対象と離してシャッターをボッと押すと写るようになってる。そいつを持って行ったんだ。児玉邸で、この写真を撮らしてくれといったんです。そしたら『ああ、いいですよ』というんだ。びっくりしてね。ところが、部屋のなかだから暗いんだ。これは写らないと思って、すいませんけど、庭で撮らしてくれませんかといって、庭で、証文を下において、太陽の光で撮ったのをおぼえてる。

●――それは、発表はなさらなかったんですか。

発表はしない、という約束だったんじゃないのかな。

●――持っておくと……。

そう。

●――それは記者としてですか、それとも、なにかのときに大野さんの証拠になるために持っておこうという、両方の気持ちですか。

それは、あらゆる点でね。いざ書くときに、そんなものはなかったと、片方はいうでしょう。そういう場面が、かならず出てくる。そのころ大野伴睦は、その証文があるから、おれは総理大臣になれると思い込んでるんだから、いざというときに、証拠の文書をもってなきゃいかんでしょう。

●――児玉さんは、それをざっくばらんにやってくれたわけですね。

ぼくのことを、大野伴睦からきいてたそうです。『まえからそういう男がいるという話はきいていた、あなたが渡辺さんですか』てなもんだね。

その証文を撮ったものをぼくは持ってたんだけれども、大野伴睦は、口が軽くてね。最初は、きみだけだといって教えてくれたのが、いつの間にか、大野派三羽ガラスとか四天王とかいうのがまわりにいたんですよ。そいつらに、みんないいはじめて広がっちゃったわけです。そういう密約というのは、表に出した瞬間に効力はなくなるんです。それで効力はなくなるんだけれども、大野伴睦は最後まで信じてたんだから、お粗末ですよ」

総裁公選での暗躍

一方、当の大野は、岸、佐藤二人の帝国ホテル「光琳の間」での誓約書がだいぶ怪しくなったことは感じていた。が、なお岸、佐藤を信じていた。

〈まさか、おれの敵にまわることはあるまい〉

また、この手形を表へ出せば「政権を私議した」と世論の非難を受けるだろう。したがって、これを決め手としようとは思わなかった。

しかも、公選となればカネがいる。だが、大野には財界とのつながりがない。したがって、カネがない。しかし、逆手というものがある。大野は甘く考えた。〈財界とのつながりのないおれは、財界の紐付きではない。政治をおこなうのに財界から制約を受けない。財界にしばられずにすむから、庶民大衆のための政治ができる。それは、逆に大衆の支持を得ることができる〉

岸の失政は、第一にアイゼンハワー訪日延期で国際信用を落とし、第二に、安保闘争で国民大衆と政府与党のあいだに大きな溝をつくったことにある。そのため世情は重苦しく、治安は乱れきった。この重苦しさを払いのけ、国民と血の通った政治への道を開くには、官僚権力主義では駄目だ。政策以前の問題である。庶民とともに生きる政治感覚が必要なのである。官僚政治家のように財政上の計数や外国語は得意ではないが、不肖伴睦には大衆政治家としての五十年の経験がある、と自負していた。

また、国際信用の回復には、この年の秋に予定される総選挙に勝つことである。大野には、総選挙で大衆の人気をわかし、勝利するという自信もあった。それゆえ、大野は、金力がなくとも、広く党内の支持を得られるものと見込んで立候補したのである。

大野は、立候補の準備運動のため毎夜遅くなって帰宅しては、家人、お手伝いさんたちの迷惑になると思って、国会の近くにある赤坂のホテルニュージャパンの六階に一室を借り、秘書の山下勇と二人で泊まり込んでいた。

児玉の『悪政・銃声・乱世』によると、児玉は、ポスト岸に大野を担ぐために暗躍している。

「ここでの大きな問題は、岸前総裁がこの四者（池田、大野、石井、藤山）のうち、一体だれを支持するか、ということであり、新総裁になるならないの、成否のカギの一つは、岸さんが握っているとも言えるのだった。

そして、いま一つのカギは、大磯の隠居、吉田（茂）さんの掌中にもあったわけだ。

すなわち吉田さんとしては、秘蔵っ子の池田氏を推したいのは当然で、それゆえにこそ岸さんに――池田氏支持を説き、あるいは石井光次郎氏をして――池田氏擁立を促がしたのだが、皮肉にもこれらは見事に失敗した。

岸前総裁としては、おなじ党内において四者が実力行使にうったえてまで争うことよりも、むしろ話し合いによって一本にしぼることが穏当であり、かつ妥当であると考えたようであった」

児玉は、まず出馬を表明している池田・大野・石井の三候補がうまく話し合えるよう、斡旋してほしいと昵懇な川島幹事長から一任された。

このとき、岸は、川島に頼んだ。

「周囲の関係で、自分は表向き大野君を支持することはできないが、きみがぼくの気持ちをくんで、努めて大野君の期待に添えるよう、骨を折ってほしい」

川島は、児玉に頼んだ。

「岸さんは非常に苦しい立場にあるから、この際、河野君は表面上、大野君と袂を分かっている格好でいてくれるよう、あんたから河野氏を説得してもらいたい」

児玉は、さっそく河野に会い、説得にかかった。

河野は、生一本の短気な性格にかかわらず、案外素直に納得してくれ、投票がすむまでその態度を崩さなかった。

岸の内意を受けた川島は、そんなことはおくびにも出さず、三候補者のあいだをまめまめしく説いてまわった。

しかし、池田、石井が、大野に譲るわけはない。かといって、川島が、いまさら大野を説いて辞退させることもできない。結局のところ、三者の話し合いは不首尾に終わった。

一切が振り出しに戻った。

形勢不利と見た大野は、児玉に頼んだ。

「帝国ホテルにおける誓約書もあることゆえ、ひとつ、岸君に会ってあんたから、腹蔵のない考えを質してはもらえまいか」

児玉は、ただちに赤坂の料亭「新長谷川」で岸に会った。岸の意中を、確かめた。

岸は、次から次の厄介な問題に、身も心もすっかり憔悴しきった格好で、頭をかかえるように苦しんでいた。

「もちろん最後までよく尽くしてくれた大野君には、ぼくも非常に感謝している。恩にも着ている。したがって、岸個人としては、あくまでも大野君を支持したい気持ちに変わりがない。だが、党内事情やぼくの周囲の空気からいうと、池田君の存在を無視するわけにいかない。それゆえ、できれば大野君のほうから池田君に会って、うまく円満に了解をとりつけてほしいと思う。斡旋役の川島君は、半ばサジを投げているようだが、自分から見るとまだ、話し合いの余地はあると思える。そう短兵急でなく、いま少々ぼくに考えさせてほしい」

いくぶんの含みをもたせた挨拶であった。

児玉は、直感した。

〈岸さんのこの言葉は、いわゆる遁辞に類したものでなく、本当の肚と思える。この場合、岸さんだけを口説くことはさして難事ではない。しかし、その背後に、佐藤さんがひかえていたのでは、ひとり岸さんだけを動かしても、どうにもならない〉

そこそこに見切りをつけて、ありのままのことを大野に伝えた。

そこで、大野と石井が手をむすび、協同的作戦によって総裁公選にのぞむことにした。

大野、石井の妥協がつき、七月十三日におこなわれるべき投票にそなえて、着々と手はずを整えつつあった。

「自民党を脱党し、第二の保守勢力をつくってはどうか！」

七月十一日、帝国ホテルの例の永田の部屋で、大野、河野、川島、永田、萩原に、児玉をまじえた六人が会合した。ところが、その席で、急に河野の口から、意表をついた提案があったという。

「石井派の立場を考慮して、党の総裁と内閣の首班をはっきり分離させ、公選で勝った後、そのいずれかの椅子を石井氏に渡すようにしてはどうか！」

総理、総裁の分離案に、当の大野は、万事がおおまかな性格ゆえ、いとも易々と河野案に応じた。

「それも一つの考えだネ。いや、将来そのほうがいいかもしれん。自分はむろん賛成する」

総裁公選も大詰めにきた七月十二日の午後、例により帝国ホテルの永田の部屋では、大野、河野に永田、萩原、児玉も加わり、額を集めて協議し合った。

そこへ突然、大野派の参謀、水田三喜男が飛び込んできた。顔色を変えて、いい放った。

「ここで総裁と総理の分離案なぞ出されては、われわれ大野派は総崩れになってしまいます。いくら大野先生が納得されたにせよ、自分たちは反対です！」

水田の話が終わるか終わらぬうちに、河野が憤然と、怒号するように喚いた。

「水田君、この場合、大野派だけで勝負が決まるものではないぞ！　石井派にせよ、おれの春秋会にしろ、必死になって協力しているのだ。大野派の都合ばかり考えては駄目だ。しっかりしてくれッ」

当の大野は、さすがにこれは困った、という表情で、水田に目配せすると、やにわに立ち上がった。あわてて戻っていった。

大野と水田が去った後、河野は、いつものぶっきらぼうの口調でこぼした。

「あいつら、勝手なことばかりいって、始末に負えぬ」

児玉は、しきりに河野をなだめた。

「いまあなたが腹を立てては、元も子も台なしになる。ともかく大野さんのため、最後まで我慢し努力してもらわねば」

河野も、すぐ冷静にかえった。

「それはそうだ。要するに明日が勝負なんだから、今日は早く家へ戻って、ゆっくり寝ることにしよう」

そうつぶやいて、帝国ホテルを出ていった。

その翌日の早朝、夜のしらじら明ける頃、大野から児玉に電話があった。

「ホテルニュージャパンの事務所まで、至急きてほしい」

児玉は、瞼をこすりながら駆けつけた。

すでに、河野のほか、永田、萩原も見えていた。が、大野は、いかにも疲れきった様子で、しかも何事か思いつめたふうの、深刻で悲痛な面持ちだった。

大野は、一座を見渡しながら、昨夜来の経過を、くわしく説明した。

「ゆうべ真夜中に、石井派が使者を寄こした。その使者がいう。『石井派の相当数が、にわかに池田方に寝返ってしまった。こんな具合では、いくら連繋して選挙に臨んでも、とうてい勝ち目はなさそうだ。したがって、石井派のことは、あてにしないように』

そこで自分も思案のすえ、『ではわれわれの側のみんなとよく相談をしてみて、もし自分が候補を辞退したうえ、石井一本の線でいくとした場合、石井君として勝算があるのか？』と訊いたら、『そうしてもらえば、こちら側だけでもまず、七十人ぐらいはまとまるだろう』との返辞だった。

自分はかねがね、党総裁は、いわゆる官僚出の者でなく、政党はえぬきの人物がなることが念願で、この際、自分を捨てて、石井君を推したいと考えておる」

大野は、みんなを見渡すといった。

「で、どうじゃろう。ここはひとつ、そういうことで、了承してもらえまいか！」

こういい終わると、大野は、拳でそっと、瞼をふいた。

たった一晩のうちに、歯車がどこでどう食い違ったのか。まるでキツネにでもだまされたような感じで、永田も萩原も、ただただ唖然として顔を見合わせた。

児玉は、思わず怒鳴った。

「馬鹿馬鹿しいにもほどがある。一晩のうちに何十人が寝返ったかしらんが、それがもし事実としたら、オヤジが降りて石井が出たところで、寝返った連中が、いまさら池田に投じる票を、石井にまわすわけはあるまい。要するに、これは総裁・総理分離の河野案にからませた石井派の、狡猾卑怯な作戦にちがいない。こうなったら、金権選挙の醜悪な舞台裏を、そっくりそのまま国民に知らしめ、このような泥まみれ糞まみれの公選には応じられないことを力説し、総裁公選そのものを拒否し、くつがえすべきではないのか」

そばにいた永田、萩原も、児玉とおなじ意見のようだった。後からやってきた川島正次郎も、大野が降り、石井一本にしぼることは反対だったようである。

児玉は思った。

〈一晩のうちに起こったこのドンデン返しの裏には、もちろんそれ相当のカネがバラ撒かれているだろう。その一方で、大野派の幹部である水田、村上（勇）の両氏らが、石井派のこけおどしに、まんまとひっかかったのではあるまいか？

それにもう一つは、伴睦老自身が、あまりの煩わしさに疲れきり、石井派の手のうちを看破るだけの、精神的余裕に欠けていただろうことも原因しているよう

だ〉

だが、児玉には、別の考えがあった。思いきって、爆弾的意見を述べた。

「いまさら、どうのこうのといってみてもはじまらない。いっそこの場合、大野、河野の両派は、決然と自民党を脱党し、連合で第二の保守勢力をつくってはどうか！　いまのような金権と闇取引の状態では、自民党はやがて世間から見放され、完全に信頼をなくするに決まっている。このドロ沼を浄化するには、現在のままだと〝百年、河清を俟つ〟も同様である。たとえ少数党であろうと、お互いが自覚し自重し、その気になって保守党革新に当たれば、必ずしも実現できなくはなかろうし、国民一般もきっと、これを支持してくれるはずである」

　この児玉の提案は、両派の有力者たちにとって、奇想天外な考えであったのであろう。

　いずれも眼をパチクリさせ、しばしば声も出なかった。

　児玉の鬱憤はなかなかおさまらず、大野派の幹部村上勇に向かってののしった。

「あんたは、キンタマがあるのか！　オヤジのクビが一夜のうちにすっ飛んでしまっても、なお石井のなめくじ野郎を担ぐつもりなのか！」

　はては河野にまで、さんざん毒づいたのだった。

その河野は、これまた強く主張して譲らなかった。

「せっかく石井のほうで、七十人くらいは勢ぞろいさせてみるというのだから、石井一本で勝負しても、いいのではないか！」

こんなわけで、児玉のせっかくの提案もついに容れられなかった。

七月十三日、途中立候補しようとしていた松村謙三も、大野とともに立候補を降りた。大野は、記者会見で、憤然と心境を述べた。

「岸総理は、政権譲渡の約束を破った。わたしは、党人派結集のため、大死一番、立候補をやめる」

これに対し、党人派の河野、三木、松村派は「石井支持」に傾斜し、党内は官僚派と党人派の争いになっていった。

一日延びた七月十四日、午前十時から自民党大会が開かれ、総裁選挙がおこなわれた。

投票の結果は、池田二百四十六票、石井百九十六票、藤山四十九票であった。だれも過半数の票を獲得できなかったので、一位の池田と二位の石井とで決選投票がおこなわれた。

決戦投票では、池田三百二票、石井百九十四票であった。こうして池田政権が誕生した。

なお、この日、総理官邸で池田総裁当選の祝賀会が開かれた。岸も出席し、その後、官邸の食堂から出ようとした。そのとき、右翼崩れの荒牧退助に襲われ、股を刺された。真相は謎だが、一説には、大野副総裁への政権禅譲の密約が反故にされたことに対する大野陣営の恨みではないか、との見方も出た。

なお、渡辺恒雄が筆者に語ったところによると、渡辺は、大野が結局敗れた後、次のようなやりとりをしたという。

「あなたは、だまされましたね」

「ちくしょう」

大野はそう怒った後、渡辺にいった。

「しかし、人間は、だますよりだまされたほうがいいな」

渡辺は、その言葉で、大野を決定的に好きになったという。

第3章

闇の首領

自由民主党結党の影の立役者となった児玉は政界だけでなく、アウトローの世界にも強い影響力を持つことになる。

きっかけは、岸信介政権による日米安全保障条約の改定だった。

一九六〇年六月に当時のアメリカのアイゼンハワー大統領の訪日が予定されるなかで、アイク訪日を無事に成功させようとする右派勢力とそれに反対する左派勢力の激突は抜き差しならない状態になっていた。

この時、児玉は、全国の右翼団体や暴力団を大規模に動員し、アイク訪日を実現させようとする。

結局、このアイク訪日は、岸内閣の判断で中止へと追いやられるが、児玉はこの時、稲川会の稲川聖城会長と深い関係を構築することに成功する。

そして、さらにこの関係を生かして、児玉は、自らの考える仁侠団体の大同団結構想の実現を模索していく。

最終的にこの構想もあと一歩のところで実現できずに、関東地方を中心とした関東会という組織が出来ることになる。

さらに児玉の呼びかけで出来た関東会がいわゆる〝党人派〟の政治家である河野一郎を擁護する警告文を全国会議員に配布したことにより、児玉の影響力を警戒する動きが起きる。

〝党人派〟の政治家と敵対する佐藤栄作や池田勇人らに代表される〝官僚派〟の政治家たちによる巻き返しが起こったのだ。

昭和三十九年に、警察庁内に「組織暴力犯罪取締本部」が設置され、いわゆる「第一次頂上作戦」が実施されると、関東会に所属する各組織は壊滅的な大打撃を受けることになる…。

右翼・ヤクザ連合VS左翼・反安保勢力

昭和三十五年（一九六〇年）六月初旬、右翼の小沼正が、銀座七丁目に新しく出した稲川組の興業事務所を訪ね、稲川角二（聖城）にあらたまった口調でいった。

「稲川親分、今日は、ひとつ頼みたいことがあってきたんですが」

稲川は、大正三年（一九一四年）十一月生まれ。二十歳のとき神奈川県片瀬の加藤伝兵衛親分の盃を受けた。関東の大親分鶴岡政次郎の鶴岡一家の代貸、山崎屋四代目をへて、熱海に稲川一家を設立。昭和三十四年十一月、稲川一家を中心に近県の博徒を集めて鶴政会を結成していた。

六月十九日の日米安全保障条約改定の自然承認を前に、左右両陣営の激烈な対決がつづいていた。

この事務所にも、「安保反対！」という共産党の宣伝カーの声が響いたと思うと、「ソ連に日本を売る売国奴どもは、散れ！」と右翼の宣伝カーのがなり立てる声も響いてくる。

全学連（全日本学生自治会総連合）や労働者の「安保反対！」と叫ぶシュプレヒコールの声も響いてくる。

筆者が稲川聖城をモデルとした小説『修羅の群れ』を書くとき、稲川聖城から聞いたところによると、小沼が、外の響きに声をかき消されないような声でいったという。

「こぞんじのように、六月十九日には、アイゼンハワー大統領（アイク）が、国賓として日本にやってくる。ところが、いまの警官の警備では、間に合わない。そこで、自民党筋から頼まれたんだが、任侠団体のみなさんに、警備の協力をしてもらいたい」

小沼の話によると、十九日当日、天皇は皇后をともなって、羽田空港までアイゼンハワー米大統領を出迎える。羽田から皇居まで、アイゼンハワー大統領と天皇、皇后を乗せたオープンカーが、十八・七キロをパレードする。その沿道を二メートル間隔で警備するには、一万八千七百人の警官が必要となる。ところが、警視庁の全警官数は、二万四千人。警備動員数は、一万五千人が限度であるという。

警視庁内に設置された大統領警衛警備事務推進委員会は、パトカー二百八十八台の全出動、私服警官三千人、機動隊精鋭千五百人をこのほかに配置することに決定した。しかし、連日十万人単位のデモ隊が国会近辺を取り巻いている。それだけの警備体制では、防御はしきれない。

その警備力の不足をおぎなうために、自民党安保委員会が組織したのが、「アイク歓迎実行委員会」であった。委員長は、橋本登美三郎であった。

稲川に話をもちかけた小沼正は、明治四十四年（一九一一年）十二月二十九日に生まれた。井上日召の国家革新運動に参加、昭和七年二月九日に前蔵相の井上準之助を総選挙の演説途上、本郷駒込の小学校で狙撃し、いわゆる血盟団事件のさきがけとなった。

昭和二十九年四月には、血盟団事件の首謀者であった井上日召や、昭和五年十一月十四日に東京駅で浜口雄幸首相を狙撃して、いわゆる昭和維新のきっかけをつくった佐郷屋嘉昭（旧名留雄）らと護国団を創立。秘書長となった。

稲川は、小沼からくわしい説明を聞くなり、即座に答えた。

「できるかぎりの協力を、させていただきましょう」

稲川は、思っていた。

〈おれたちは、常日頃、ムダ飯を食っている人間だ。少しでも国のために役立つことができるなら、手銭、手弁当でも協力しなくてはならない〉

アイゼンハワー大統領訪日まで、残された日数は、八日しかなかった。

稲川の兄貴分である大船の横山新次郎も、国を守ることに情熱を見せた。

「稲川、銭がいくらかかってもかまわねえ。できるかぎりの協力をしよう」

稲川と横山は、可能なかぎりのカネを集め、準備に入った。

デモ隊と対決する戦闘服も、デパート高島屋から一万着買った。夏と冬用として、うすいベージュ色と紺色のものを五千着ずつ買いそろえたのであった。

左翼勢力との対決は、六月だけで終わるとは思っていなかった。冬を越すことにもなりかねない。長期戦に入る用意もしていた。ヘルメットも、五千個買いそろえた。

横山が、稲川にいった。

「機動隊の立場もある。武器は持ち込めない。三尺の樫の棒に、紙の日の丸でいい、つけさせろ。アイゼンハワー大統領を出迎えるための日の丸の旗に見せかける。いざというときには、その樫の棒が、武器にかわる」

さすがに〝天一坊〟とまでいわれた頭の切れである。

稲川は、井上喜人に命じた。

「動員数は、一万人だ。静岡、神奈川のバスを、当日すべてチャーターしておけ。バスのまわりには、稲川組の幕を張る準備をしておけ」

動員博徒一万八千人、テキヤ一万人、右翼四千人

準備が進められているあいだ、左右両陣営の対決は、血なまぐさいものにエスカレートしていた。

六月四日には、「6・4統一行動（安保改定阻止第一次実力行使）」として、国鉄主要駅の支援ピケに、学生、民主団体労組員が参加した。全国の参加総数は、五百六十万人を超えていた。

右翼側と、護国団関西本部青年行動隊二十六人が、尼崎市大物公園の「安保阻止尼崎市民決起大会」会場北側に、「安保改定賛成」のアドバルーンを掲げて待

機。デモ行進してきた全日通労組員に、木刀やバットで襲いかかるという事件を起こしていた。

その間、「アイク歓迎対策実行委」は、稲川だけでなく、何十人かの博徒、テキヤの親分たちに協力してもらうよう働きかけていた。

テキヤの結集にあたったのは、新宿の尾津組の尾津喜之助、池袋の極東関口会の初代会長関口愛治の両親分であった。

尾津は、すでに引退して土建、料亭、スーパーマーケットなどの実業に転じていたが、「お国のために……」と奔走していた。

尾津は、彼の経営する浅草の料亭「歌舞伎」にテキヤの親分衆を招き、対策を協議した。

その結果、代表五人が、アメリカ大使館へおもむき「アイク歓迎」の意思を伝えた。

東京街商協同組合の顧問で元警視総監の田中栄一の紹介で、国会前のホテルでひらかれていた「アイク歓迎対策実行委」に合流。

六月十三日、五十人近いテキヤの親分衆が、ふたたび「歌舞伎」に集まり、最後の作戦計画を練った。部隊の名称は、「全日本神農憂国同志会」と決定した。

尾津、関口連名による決起ビラ二百万枚が印刷された。

セスナとヘリコプターの手配も、ととのえられた。

警視庁との打ち合わせで、動員可能なテキヤの一万五千人は、三千人ずつ、五個部隊に分ける。うち四個部隊は、芝の総評会館から御成門、増上寺、芝園橋付近に配置。残る三千人は、遊撃部隊として適所に配置することに決定した。

機動力としては、大型トラック二十台、スピーカーつきの指揮車一台などを調達することになっていた。

稲川が「チャンコウ」と呼び慕っていた、住吉一家三代目総長の阿倍重作も、関東一帯の博徒の親分衆を集めた。

「アイク歓迎対策実行委」は、最終的には、稲川組など、博徒一万八千人、テキヤ一万人、旧軍人、消防関係、宗教団体など一万人、右翼団体四千人、その他五千人が動員可能と読んでいた。

六月十日には、アイゼンハワー大統領秘書のハガチーが、日本にやってきた。

しかし、羽田で学生、労働者のデモに包囲され、アメリカ軍のヘリコプターで脱出。在日アメリカ大使館へ入った。

いよいよアイゼンハワー大統領訪日が五日後に迫った六月十四日、熱海の稲川邸の広間に、稲川組の幹部が集められた。

横山新次郎が、具体的な作戦指令をはじめた。

「アイク訪日の当日は、早朝、川崎市の競輪場に全員集合し、バスを連ねて、明治神宮に参拝する。それから、五千人は、羽田空港に近い消防署付近に配置する。あとの五千人は、見物人にまじって、左翼のデモ隊と対決する」

稲川が、幹部一同に念を押した。

「バスをふくめてすべての用意は、できているな」

一同が、深くうなずいた。


「いくら児玉でも、許せねえ」


アイゼンハワー大統領訪日を四日後にひかえた六月十五日——「安保阻止！」を叫ぶ全学連七千人が、国会になだれ込んだ。

夕刻、石井一昌の率いる右翼「維新行動隊」百三十人が、トラックで国会裏側をデモ行進中の全学連や新劇人会議に突っこみ、双方で三十人近い負傷者を出した。

この事件により、警官隊とデモ隊のあいだにいっそう激しいもみ合いが起こった。

乱闘のすえ、東京大学文学部国史学科の樺美智子が死亡した。彼女の死は、政府にも深刻な衝撃をもたらした。

六月十六日、岸信介総理は、記者会見で発表した。

「アイゼンハワー大統領訪日は、延期いたします」

事実上の中止であった。

アイゼンハワー大統領の訪日する予定であった六月十九日――新安保条約は、参議院の議決をへないまま、国会周辺に座り込んだデモ隊の「不承認」のシュプレヒコールのなかで、自然承認となった。

それから一週間後、稲川は伊豆長岡の旅館の二階でひらかれた賭場で、博打をしていた。

その日は、あまりいい目は出なかった。

〈つかないときは、こういうものさ……〉

稲川は、賭場を立ち、玄関を出ようとした。

梅雨が長引き、闇夜のなかで鬱陶しい雨がふりつづいていた。

そのとき、玄関の前にタクシーが止まった。稲川組の林一家総長の林喜一郎が、巨体を揺るがせるようにして車を降りてきた。怒った顔をしている。林は、怒ったときには、正直に顔にあらわす男であった。

「親分、児玉が……」

林はまずそういって荒い息を吐き、つづけた。

「アイゼンハワー大統領が日本にやってくるのにそなえ、自民党の安保委員会やらが、財界からこの日のために、六億円近いカネを集めていたらしいんです」

稲川にも、それは初耳であった。

「ところが、その六億ものカネが、アイゼンハワー大統領がこなかったのに、どこへやら消えちまったというんです。どうやら、そのカネを児玉誉士夫が自分の懐に入れてしまったというんです」

稲川は、カッとなった。

〈いくら児玉でも、許せねえ〉

それでなくても、自民党筋から、あれほど今回、博徒、テキヤの親分たちに声をかけて応援を頼んでおきながら、「ご苦労さん」の一言もなかった。そのことで、全国の博徒、テキヤたちは怒りの声をあげているときであった。

稲川は、こみ上げてくる怒りを抑えかねたようにしていった。

「児玉のところに、乗り込む！　話をつけてくる」

喧嘩相手として、不足はなかった。

彼の全身の血が、若い頃のように熱く滾っていた。

それからまもなく、岡村吾一が、稲川が当時事務所代わりに使っていた「横浜ホテル」の三二二号室に稲川を訪ねてきた。岡村は、黒縁眼鏡の奥の鋭い眼をぎらりと光らせていった。

「稲川さん、今日は誤解を解いていただきたいと思ってやってきました」

岡村といっしょに菊池庸介もきた。やせた、眼つきの鋭い男であった。

稲川が児玉邸に乗り込む、という情報を聞き、児玉の右腕である岡村が稲川に会いにきたのであった。

岡村吾一は、昭和十年から終戦までは、上海の児玉機関で活躍した。児玉機関の東京責任者でもあった。敗戦後も、児玉のために動き、芸能界の陰の顔役としても君臨していた。

この当時は、埼玉、群馬の博徒を結集して北星会を結成する準備に動いていた。

児玉に危険のあるときには、身を挺して守る男であった。また、岡村のまわりには、彼のためにいつでも命を投げ出す男たちが何人もいた。

菊池庸介は、昭和十七年九月三日、丸の内のジャパンタイムス社裏の道路上で、尾崎士郎作の『人生劇場』に出てくる〝飛車角〟のモデルといわれた石黒彦市を射殺したことで名をあげていた。石黒は、菊池の兄貴分岡村吾一と対立していた。菊池は、尊敬している兄貴分のために、石黒を射殺したのであった。

菊池は懲役六年の刑を受け、出所した後、丸ビルに事務所を開き、児玉と盟友の北海道炭礦汽船社長の萩原吉太郎の系列会社である鉱業会社を経営していた。菊池も、児玉にもしものことがあれば、いつでも命を捨てる雰囲気を漂わせていた。

岡村がいった。

「噂によると、オヤジが、六億円ものカネを持ち逃げしたようなことをいっている者があるそうだが、そのことについてぜひ誤解を解いてもらいたい。一度オヤジに会っていただきたい」

稲川は、岡村に答えた。

「近いうち、必ずうかがいましょう」

「自民党に貸しはあっても、借りはない！」

稲川は、それからまもなく、世田谷区等々力の児玉邸の前に車を止めさせた。アスファルトの道路と直角に、車寄せがあり、その中に入った。車を降りたところに、観音開きの大きな木の扉があった。

ブザーを押した。

「どなたさまでしょうか」

なかから、声がした。

「熱海の稲川です」

稲川が名乗ると、「お待ちください」という声があり、しばらくして扉が開かれた。

書生の案内によって、なかに足を踏み入れた。

一千坪近い広さの敷地であった。芝生の庭のなかに、木造二階建が建っていた。左側だけが、平屋であった。応接間であろう。

玄関に入ると、坊主頭の眼鏡をかけた別の書生が出ていた。

稲川は、あらためて名乗った。

「稲川です。児玉先生に会いにきました」

「お待ちしておりました」

丁重な口調であった。その三ヵ月前に児玉邸に書生として入ったばかりの、太刀川恒夫であった。太刀川は、昭和三十年（一九五五年）三月、山梨県立日川高校を卒業。その後、児玉の著書『われ敗れたり』を読み、児玉の波瀾万丈な生き方に共鳴し、「児玉先生のような人間になろう」と考えた。昭和三十五年四月、児玉を頼って上京。児玉宅に書生として住み込んでいた。

太刀川の案内により、石段を二段のぼった。畳二畳ばかりある黒く磨き抜かれた瓦の敷き込みを通ると、木のドアが内側にひらいた。そこを入ると、やはり黒瓦を敷き込んだ三和土があった。入り組んだ造りであった。

稲川は、靴を脱いで上がった。一瞬、殺気立った雰囲気を感じた。

右手に、第二応接間があった。そこには、先日稲川に会いにきた岡村吾一と菊池庸介がひかえていた。

稲川は、書生の案内により、左手に折れた。稲川は、徒手空拳であった。

突き当たりに、木のドアがあった。ドアが押され、書生がなかへ入った。

稲川も、なかに入った。十七、八畳もある広い応接間であった。シンとしていた。

　嚥脂色の絨毯が敷かれていた。真ん中にペルシャ絨毯が敷かれ、その上に低いテーブルが置かれていた。入って奥の右側に、本革張りの渋いダークグリーンのソファーがあった。

　三人ゆっくり座れる広さであった。

　稲川は、そのソファーに案内された。

「児玉は、すぐに参ります。お待ちください」

　稲川はソファーにぴんと背筋を伸ばして腰かけ、児玉を待ちつづけた。

　向かって右側には、暖炉と書棚があった。暖炉の上には、三木武吉の油絵の肖像が掲げられていた。向かって左側のドアを入ったところには、鳩山一郎の水彩画の肖像がかかっていた。

　しばらくして、ドアが開いた。いがぐり頭の児玉が入ってきた。質素に見える久留米がすりの筒袖姿であった。小柄ながら、威圧感がただよっていた。部屋の空気が、にわかに張り詰めた。

　児玉は、稲川を見た。細い二つの眼の奥が、一瞬ぎらりと光った。射すくめるような眼の光であった。

　稲川も、負けずに、まっすぐに児玉の眼を見た。

児玉は、暖炉を背にして、一人がけのソファーに座った。児玉もまた、供を従えてはいなかった。お互いに、差しであった。

稲川は、児玉の眼を、あらためて見た。しばらくのあいだ、児玉の眼を睨みつけたまま、一言も発しなかった。このときが二人にとっては、初対面であった。稲川、四十六歳。児玉、四十九歳であった。

張り詰め、殺気立った空気が、流れつづけた。外の木々で鳴く蝉の声が、異様に大きく聞こえる。

稲川が、切り出した。

「自民党から、アイゼンハワー大統領訪日にそなえて、財界から集めた六億近いカネが、児玉先生のところで消えた、という噂がある。真実をはっきりうかがいたいと思ってきました」

児玉は、厚い唇を開き、一言だけ発した。

「稲川君、わたしは、自民党に貸しはあっても、借りはない！」

稲川の胸に、ズシリとこたえる一言であった。

児玉が、日本一の右翼の面子に懸けていっている言葉である。

稲川のそれまでの児玉への怒りが、その一言で鎮まった。その言葉を信じよう、と思った。

児玉は、稲川の眼をジッと見ていった。

「わたしと苦楽をともにしてきた妻が、安保のさなか、車にはねられ、死ぬか生きるかの瀬戸際だった。わたしは、その頃は妻の看病で、病室から一歩も外へ出ていない。そのわたしが、自民党から出たカネを、勝手なことをするわけがない。おれを信じてくれ」

児玉は、安保騒動がすんだら、夫婦でアメリカに旅行し、帰国後は箱根に引っ込んで後輩の指導でもして余生を送るつもりであった。が、安都子は、五月三十一日に自動車にはねられ、広尾の日赤中央病院に入院した。児玉は、つきっきりで看病したが、六月十三日、ついに彼女は息を引き取った。

アイゼンハワー大統領訪日中止の決定した六月十六日には、池上本門寺で妻の葬儀をおこなっている。児玉は、そのとき、妻といっしょに自分の葬儀も出した。いわゆる生葬いであった。

妻の墓に、児玉の命日、昭和三十五年六月十三日、享年四十九歳と彫り込んでいた。さらに、比翼塚までつくっていた。

児玉は、いま一言いった。

「そのカネの動きについては、わたしも、うすうす噂は聞いている。そのへんの事情は、川島君に会わせるから、よく訊いてくれ」

川島正次郎は、安保のとき、自民党の幹事長をしていた。

稲川は、きっぱりといった。

「その必要は、まったくありません！」

稲川は、児玉の眼をまっすぐに見ていった。

「よくわかりました」

それから、深々と頭を下げた。

児玉は、いままでの射るような眼をなごめ、稲川に声をかけた。

「稲川君、近いうち、時間をつくってくれないか。ゆっくり話し合いたい」

稲川も、胸を弾ませていた。

「よろこんで、おうかがいいたします」

「先生をオヤジと呼ばせてもらいます」

それから一週間後の夜、赤坂の料亭「中川」の座敷で、児玉と稲川は向かい合っていた。

児玉は、この夜は背広姿であった。家にいるときは着物姿で通すが、外出の際は、背広姿で通していた。ダークグレイの無地のジャージの上着に、フラノのズボンというラフな格好であった。襟の小さいワイシャツを着、ネクタイをきちんと締めていた。

稲川も、きちんとネクタイを締めていた。

児玉は、料亭で会うときは、いつも座敷には一人で入った。政財界の大物相手の密談がほとんどであったから、供は、表に待たせておいた。

稲川は、この夜も一人であった。

この夜は、初めて対決したときとは打って変わったなごやかな雰囲気で二人とも向かいあった。二人きりの話が終わるまで、人払いしていた。

しばらく話しているうち、児玉が突然いった。

「稲川君、どうだろう。これからは、兄弟分として付き合ってもらえないだろうか」

稲川は、熱い興奮をおぼえながらも、とまどった。

〈児玉先生とおれとは、格も、稼業も、生き方もちがう。児玉先生は、政治の世界の黒幕だ。おれは、一博打うちにすぎない。兄弟分になど、なれるわけがな

い〉

児玉を熱いまなざしで見返して頭を下げた。

「兄弟分とはありがたいことですが、わたしには、渡世上の親があります。先生には、心の親になっていただきたい。これからは、先生をオヤジと呼ばせてもらいます」

児玉は、何もいわないで、静かに笑い、首を縦に何度も振ったという。

任侠の大同団結構想

この頃、児玉の頭のなかには、雄大な構想があった。

安保での左翼勢力の盛り上がりを見てもわかるように、いずれ日本は共産主義革命の危機にさらされる。そのときには、一党一派にとらわれない、いっせいに決起できる強固な大組織をつくるべきだ。そのためには、これまでのように右翼だけ集めていては駄目だ。

趣旨に賛同する一切の団体や個人を包含していくべきだ。が、現実には、そのような雄大な構想は、実現できない。とりあえず、全国の任侠団体を大同団結させようと考えていた。

しかし、それらの団体の大同団結がむずかしいことは、児玉にはわかっていた。児玉は、そのむずかしい構想を実現させるため、これまで自分と親しい親分たちを頼りにしていた。

岡村吾一はもちろん、義人党党主の高橋義人も頼りにしていた。

高橋義人は、博徒武蔵家一家の跡目をつぎ、昭和二十年には、新日本義人党を結成したが、やがて解散指定を受けた。昭和二十七年に「反共運動の推進」を旗印に、日本義人党を復活。

六〇年安保の前年の昭和三十四年三月には、日本義人党内の青年を中核として日乃丸青年隊を結成した。児玉は、この日乃丸青年隊の最高顧問に名を連ねていた。おなじく児玉の右腕である岡村吾一も、顧問に名を連ねていた。

松葉会の会長の藤田卯一郎の親分にあたる関根賢も、児玉の古い知り合いであった。児玉は、関根組の経営する関根建設の会長にもおさまっていた。

住吉一家三代目総長である阿倍重作も、児玉の知り合いであった。

町井久之ともつながりをもっていた。

町井は、大正十二年（一九二三年）七月二十日生まれ。専修大学専門部卒。韓国人で、のちに韓国の朴正熙大統領とも親交をもつ。日韓問題を通じて、町井と児玉は深いつながりをもちはじめていた。町井は、銀座、新宿を中心に東声会を組織していた。町井は、昭和三十六年四月に東亜相互企業を設立するが、児玉はその企業の会長にも就任している。

児玉にとっては、稲川とつながることによって、大構想の実現も早くなる。

児玉は、稲川と肚と肚を許し合ったことを、ことのほかよろこんでいた。

事実、児玉は、稲川と、自分の親しい親分たちの協力を求め、大構想実現に拍車をかけていく。

なお、児玉は、誤解を解くために、都内のホテルに川島幹事長を呼び、「真相を明らかにする会合」をひらいた。その会には、稲川組長をはじめ、親分衆が集められていた。

川島幹事長が、きっぱりといった。

「問題の資金の行方は、目下調査中だ。自民党は、児玉さんに借りはあっても、貸しはない」

親分衆は、幹事長の言葉にいちおうは納得した。

稲川は、児玉とこうしてつながったが、児玉が関係したさまざまな〝事件〟のことは、何も知らなかった。一切関係がなかった。

児玉から、金儲けの話など聞いたこともなかった。ただし、一回だけ例外があった。千葉の鎌ヶ谷カントリーは、昭和三十六年（一九六一年）十月にオープンするが、その造成中、用地の一部をどうしても売らない土建業者がいた。

稲川は、児玉に頼まれて、その土建業者の会社に出向いた。

土建業者は、稲川がわざわざ出向いてきたことに恐縮した。

「いやあ、親分にこられたんじゃ、しょうがない」

ただちに話がまとまった。そのとき、礼として八百万円もらった。稲川が、児玉との関係で金銭を得たのはこれだけである。

行動右翼「児玉軍団」

昭和三十六年四月八日、青年思想研究会（青思会）が結成された。児玉の影響下にあった日乃丸青年隊の高橋正義が議長を務めた。児玉系行動右翼として最も先鋭的な集団であった。構成は約三十団体で、日乃丸青年隊のほか、交和青年隊、国民同志会、興論社、昭和維新連盟、愛国青年同盟、大日本生産党、防共挺身隊、大日本桜花隊などが加盟している。

なお、昭和三十六年十一月三十日、中央区銀座八丁目に、児玉機関の副機関長であった吉田彦太郎と兄弟分の恵木正信を理事長とする猶存社が結成された。常任理事は、白垣一。青年隊責任者は、白垣彬らであった。児玉機関副部長であった野上宏は、副理事長となった。

猶存社を結成するにあたり、その名付け親でもある吉田彦太郎は、児玉に相談した。児玉は、吉田のすることには口をはさまなかった。吉田と児玉の性格は対極的で、「陽の児玉、陰の吉田」といわれていた。吉田は、生涯ほとんど表に出ることはなかった。

児玉は、稲川に惚れ込むや、稲川をつぎつぎと政財界の大物に会わせていた。安保当時、自民党の幹事長であった川島正次郎、大野伴睦、河野一郎、愛知揆一、児玉の盟友の萩原吉太郎らにも会わせた。

稲川は昭和三十七年（一九六二年）の秋、児玉に連れられて恵比寿の河野一郎邸を訪ねた。その当時、河野一郎は第二次池田勇人内閣の建設相であった。昭和三十七年七月、二選を勝ち得た池田は、その後の内閣改造で河野を建設相にしただけでなく、事実上の副総理扱いにした。佐藤栄作は、蔵相を田中角栄に譲り、科学技術庁長官にまわることになるが、これにより、閣内の比重は河野が佐藤を超えることになった。

池田は河野を信任し、池田派のなかにも、親河野分子が生じはじめた。

佐藤に対しては、「落ち目だから、閑職の行管庁長官がよいところだ」という声さえ出はじめたときであった。

稲川たちが河野一郎邸の応接間で待っていると、まもなく河野が入ってきた。

挨拶をかわしたのち、児玉が厳しい口調で訊いた。

「河野さん、あんたは今度の総理を、ねらっているのか」

河野は、四角い下ぶくれの顔を引き締めて答えた。

「ぼくは、ねらってやしない」

児玉は、深くうなずいていった。

「そうか、それならいい。もしねらっているなら、今後あんたとは絶交する」

一国の総理をねらう邪心が強すぎては、総理の座は掴めないぞ……と警告したのであった。次期総理の呼び声高い人物に、平然とそういってのける児玉に、稲川はあらためて感服していた。

幻に終わった「東亜同友会」

昭和三十七年の初秋、児玉誉士夫は、世田谷区等々力の自宅応接間で、稲川に、険しい表情で語っていた。

「稲川さん、若い者たちがやれ肩が触れたの触れないの、顔を潰したの潰されたのと、屁みたいなことで貴重な生命を取り合うような愚をやめて、もっと天下国家のためになることを考えるべきだ。体を張るのは、人のためとか国のためだけだ。全国の任侠団体がお互いの融和をはかり、いままでとちがった前進した生き方をしてもらいたい」

児玉は、六〇年安保での左右両陣営の対決の経験から、一党一派にとらわれず、日本が共産主義革命の危機にさらされたとき、いっせいに決起できる強固な大組織をつくろうとしていた。そのため、全国の任侠団体を結集し、「東亜同友会」をつくろうという遠大な構想を抱いていた。

東亜同友会を、単なる政治的団体にするのではない。高度成長を迎え各地で多発化しているヤクザ同士の抗争を未然に防ぐために、事件が起こってしまった場合、その解決にあたる全国的な権威ある連絡機関としても活かそうと考えていた。

稲川は、これまで博徒一筋に生きてきた男である。安保騒動のときには、常日頃ムダ飯を食っている人間として、国のために少しでも役立てれば……と手銭、手弁当で協力してきた。しかし、政治とはまったく縁のないところで生きてきた男だ。政治は、政治家に任せておけばいい。おれたち博徒の口をはさむことではない。そう思っていた。

同時に、関西と関東の任侠団体を団結させようなんて、初めから無理なことはわかっていた。関西と関東のヤクザは、気質もちがう。強引に束ねようとしても、無理がある。

が、児玉は、心の親と決めた人物である。心の親が命を懸けている構想のためには、力を尽くそうと決めていた。

東亜同友会実現のための発起人会は、昭和三十八年（一九六三年）一月に関東の会合が東京で、二月初めには、名古屋地区の会合が名古屋でもたれた。

そして二月十一日の旧紀元節の日、関西地区の発起人会が京都・都ホテルでひらかれることになった。いわゆる〝京都会議〟である。

関東は稲川組長がまとめたが、中国、四国は、山口組の田岡一雄組長が動き、九州は、児玉自身が意思統一にあたった。

京都会議には、神戸の山口組、大阪の柳川組、京都の中島会、兵庫の松浦組、三重の吉田一家、菊田組、岐阜の鈴木組、瀬戸一家、愛知の稲葉地一家など、関西、中部の有力組織の親分が集まった。

その京都会議のおこなわれる数時間前に、神戸市須磨の料亭で、山口組三代目の田岡一雄を兄、児玉と親しい東声会会長の町井久之を舎弟とする結縁の儀式がおこなわれた。

その夜、いよいよ京都会議がひらかれた。田岡と町井の結縁により、京都会議はよりスムーズに進むかに見えた。なお、ホテルでの会合費、宿泊費その他一切の費用は、児玉が鞄に提げてきた現金五百万円で支払われた。

その後、二月二十八日に、世田谷区等々力の児玉邸で、全国的な規模の幹部発起人会をひらくまでに漕ぎつけた。が、東亜同友会構想は、ついに幻に終わってしまった。

児玉は、この挫折について、『組織暴力の実態』でこう語っている。

「結局『だれが会長になるか』ということで、ボクにどうかと話があったが、ボクは顧問ならともかく、会長にはならんとはっきり断わった。というのは〝児玉は勢力を結集して政治目的に使うのではないか〟などとかんぐられてはかなわんから……。ところが、いざまとめにかかってみると関西を田岡氏(山口組組長)、本多氏(本多会先代会長)のどちらかに頼めば、どちらかがそっぽを向くのではないかといったような面倒なことがからんで足並みがそろわず、そのうちボクの方でバカバカしくなっておりたんだ。世間の幼稚な批判や『自民党あたりから年々金がはいってくるんだろう』と誤解してみかねないヤクザの色目は、つくづくいやになった」

児玉すら手を焼いた山口組と本多会の対抗意識は、拭いがたいものであった。

本多会の初代本多仁介と山口組三代目の田岡一雄組長は、〝五分の兄弟〟の関係だが、両組の末端での抗争事件は、あとを断たなかった。

とくに、広島事件はすさまじいものであった。広島の打越信夫打越組組長が、昭和三十六年十月、山口組舎弟安原政雄と五分兄弟盃を交わす。

広島で打越と対立していた山村組の山村辰雄組長が、神戸の本多会の本多仁介会長と五分兄弟盃を交わす。この盃により、広島では、神戸の山口組と本多会との〝代理戦争〟が火を噴く。

児玉は、挫折直後、稲川に、肚の底からしぼり出すような声でいった。

「稲川さん、全国規模での任侠団体の団結はうまく運ばなかったが、なんとか関東だけでも、と考えている。協力してほしい……」

稲川は、引き受けた。

「わかりました」

児玉は、関東だけでも結束をはかるため、根回しをはじめた。

国会議員に配られた河野擁護警告文

稲川は、昭和三十八年十月十六日に、稲川組を錦政会とあらため、政治結社の届け出をした。錦政会の顧問には、右翼陣営の大物三浦義一、児玉誉士夫、岡村吾一、小沼正、吉田彦太郎らを迎えた。

児玉は、「全国組織が駄目なら、せめて関東だけでも……」と、関東会を結成した。

加盟団体は、稲川会長の錦政会、磧上義光会長の住吉会、藤田卯一郎会長の松葉会、森田政治会長の日本国粋会、高橋義人党首の義人党、町井久之会長の東声会、岡村吾一会長の北星会の七団体であった。

昭和三十八年（一九六三年）十二月二十一日、熱海のつるやホテルで、結成式をあげた。

右翼陣営からは、児玉、児玉らが昭和三十六年に結成した青年思想研究会、いわゆる青思会の常任諮問委員の平井義一元衆議院議員、やはり青思会諮問委員、白井為雄、青思会常任実行委員の中村武彦、青思会常任実行委員の奥戸足百の五人が参加した。

顧問級では、松葉会顧問の関根賢、波木一家三代目総長の波木量次郎が参会した。

初代会長は、加盟七団体の中で年長者である松葉会の藤田卯一郎を推薦した。会の最後に児玉が挨拶した後、「天皇陛下万歳！」を三唱し、閉会した。

それから数日後、衆参両院全議員の自宅に、「自民党は、即時派閥抗争を中止せよ」と題する関東会七団体の連署による「警告文」が配付された。

「今日の日本は、自民党のみにくい派閥抗争によって亡国の方向へ大きく傾斜しつつある。先般の総選挙において、自民党のある派閥が他の派閥の候補者に加えた中傷と妨害は最も悪質なものであって、自民党の当面の敵である左翼の候補者に対するよりも、さらにひどい非難と攻撃を加えたものであった。

このような恐るべき醜状が全国到るところで展開された。

自民党の派閥抗争の責を、特定の派閥や個人に集中することは公正ではない。河野一郎氏一人が政治的に失脚したところで、自民党の派閥抗争は断じて止むものではない。

河野氏の派閥的行動を非難攻撃している人達が、いまだに自分達の派閥を解体しないのは何を陰謀しているのか。彼らは派閥解消に名を借りて河野氏の政治的失脚をねらっているといわれても仕方ないであろう。

近頃巷に乱れ飛んでいる個人攻撃のデマ中傷は、すべて来年の自民党総裁選挙にそなえての醜い事前運動であろう。

今や自民党の派閥抗争は全く末期的現象を呈している。この責任は自民党の各派閥すべてにある。

河野氏といえども同罪である。自民党の各位が真に心から派閥解消を切望するならば、このいまわしい派閥抗争の責任は自民党衆参両院議員の全員にあることを自覚するであろう。この自覚が生れない限り、自民党の派閥解消は断じて一歩も前進しない。

また自民党が派閥抗争に明け暮れている間に、日本の左翼勢力は着々と革命的実力を蓄積して、暴力革命の好機到来を待機している非常事態に気付くであろう」

この派閥解消勧告文は河野一郎を暗に擁護するものであった。

稲川をはじめ、加盟七団体の親分衆は、このような内容の勧告文が出されたことは知らなかった。

この関東会の派閥解消勧告文は、政界に大きな波紋を投げかけた。

池田正之輔衆議院議員は、強硬意見を述べた。

「ある特定の団体が特定の政治家をおどしたことはいままでもあったが、暴力団が団結して連名で圧力をかけてくるなどということは、日本の政治史上いままでかつてなかったことであり、世界の文明国の歴史にも例はない。由々しき問題だ」

河野派を除く衆参両院議員は、関東会全体が、河野擁護の意思表示をしたかのごとく受け取り、関東会七団体の粉砕を検察、警察当局に指示した。

関東会と党人派との癒着の危険を感じ取った官僚派が、さっそく潰しにかかったのだ。

第一次頂上作戦はじまる

年の明けた翌昭和三十九年（一九六四年）二月初旬、警察庁内に「組織暴力犯罪取締本部」が設置された。いわゆる「第一次頂上作戦」の開始である。

本格的に、関東会と、その加盟七団体の解散をめざして動き出したのであった。

三月二十六日、警察庁は、あらためて錦政会、松葉会、住吉会、日本国粋会、東声会、義人党、北星会の関東会加盟の七団体をはじめ、神戸の山口組、本多会、それに大阪の柳川組を加えた十団体を広域暴力団として指定した。

それまでは現行犯でないと逮捕されることのなかった博打も、非現行でも逮捕される制度に変わった。自民党の治安対策特別委員会でも、さっそく議題に取り上げた。

錦政会にとって、厳しい時代のはじまりであった。

児玉は、官僚派の〝組つぶし〟に対し、新聞記者のインタビューに敢然と答えた。

「いまの社会ではヤクザはなくならないと思う。人間のからだにたとえればアカみたいなもの、こすれば出てくる。大学にゆけない青少年の欲求不満を解消してやるようないい政治がおこなわれていれば別だが。政治が腐敗すればするほどアカはうんと出るんだ。しかしヤクザのなかにも正義をもった立派なヤクザもいるし、弱いものいじめをするダニみたいなのもいる。ただやたらに彼らを絶滅しろと叫ぶより、どうして彼らを善導するかを社会も考えてやらなければいけない」

警視庁から広域暴力団として指定された十団体のうち、とくに、児玉の音頭で結成された関東会加盟の七団体は、ねらい撃ちされた。

昭和三十九年には、松葉会、住吉会、義人党が大がかりな手入れを受けた。政治結社錦政会の看板を掲げていた稲川組も、執拗にねらわれた。昭和三十九年、稲川組は四百三十人も逮捕されてしまった。四十年の一月十四日には、五人が賭博開帳容疑で指名手配、十六人が逮捕された。

昭和四十年（一九六五年）一月二十四日、ついに関東会は、正式に解散することに決めた。

芝浦の料亭「芝浦園」において日本国粋会の森田政治らの動議により、正式な解散宣言をおこなった。

稲川は、二日後の二十六日、東京都選挙管理委員会に政治結社錦政会の解散届を提出した。

そして二月十七日の午前七時二十分、この日警視庁は、組織暴力犯罪取締捜査本部、碑文谷署、池上署、神奈川、静岡、千葉、山梨各県警と協力、制・私服警官三百人を動員、熱海の稲川邸、住吉会の磧上義光会長邸をはじめ、稲川組、住吉会の重要拠点三十ヵ所をいっせいに家宅捜査した。

住吉一家三代目総長の阿倍重作のためにひらいた総長賭博が発覚したのであった。客のなかに素人も混じっていたので、そのうちの一人が警察にしゃべったようであった。総長賭博の手入れは、五年ぶりであった。賭博は非現行でも逮捕されることになっていたため、総長賭博に出席した、稲川、磧上会長以下各親分衆が指名手配された。

マスコミは、いっせいに書き立てた。

「稲川組は、三十八年ごろの最盛期には、北海道から岐阜にまで進出、八都道県下に二十余支部、会員約三千人を持つ東海道一の大組織を作りあげ、東日本の広域暴力団の中で最優勢を誇っていた」

「資金力の豊富さは、関東地区の暴力団としては、随一だった。このため、警視庁は、『関東の広域暴力団を追いつめるためには、まず稲川をたたかなくては無意味だ』として錦政会追及を重点目標にとりあげ、賭博摘発に全力をあげた。

この結果、これまでに同会の大幹部六十六人を含め、会員約五百人を逮捕、テラ銭も一億円以上押収した。会員六人に一人はつかまった計算だ。これで錦政会は壊滅状態になった、と警視庁はみている」

二月二十七日、稲川は、碑文谷署へ出頭した。

稲川は、総長賭博は、あくまで自分がいいはじめたことで、住吉会の磧上会長との共同開帳ではないことを主張した。

稲川は、この罪により、求刑五年、一審で三年半の判決を受けた。

一連の事件で、稲川組、住吉会幹部の貸し元連中も自首して出た。

昭和四十年には、稲川組は、三百九人と大量の検挙者を出した。

稲川と稲川組は、吹き荒れる嵐の真っただ中に立たされることになってしまった。

第4章

事件の陰に、児玉あり

政界やアウトローの世界などに大きな影響力を発揮するようになる児玉は、その活動範囲をさらに広げ、いつしか「事件の陰に、児玉あり」と噂される存在になっていた。

朝鮮半島出身のプロレスラーで、戦後の大スターであった力道山の極秘訪韓を仲介し、興行の世界でも顔役の一人となっていく。

さらに、民間企業の揉め事にも積極的に関与していく。

乗っ取り屋と呼ばれた横井英樹が起こした「東洋精糖事件」や「九頭竜川ダム事件」でも名前があがり、渡辺恒雄や中曾根康弘とともにアカデミズム出版社の名門の弘文堂をめぐる事件にも関わっている。

さらに、児玉が戦中から培った人脈を駆使して蠢いたのが昭和四十年（一九六五年）に結ばれた日韓基本条約にまつわる日韓交渉である。

児玉は、大平正芳のメッセージを韓国側に伝達する役割を務め、朴正煕大統領とも面会している。

朴大統領から会談の席で日本海に浮かぶ竹島を爆破してはどうかと提案されると、児玉は「わたしが爆破してみせましょう」と応じ、実現こそしなかったものの、配下の児玉グループに竹島爆破を命じてもいるのだ。

さらに、児玉は、田中角栄と刎頸の友といわれる国際興業グループの小佐野賢治とも深く繋がっていた。

昭和四十七年におこなわれたポスト佐藤栄作をめぐる総裁選では、田中角栄が決選投票の末に福田赳夫を破っているが、この時も、児玉は、小佐野とともに田中総理誕生に向けて動いている。

その後に起きるロッキード事件で田中とともに転落することになる児玉にとっては、フィクサー人生において絶頂の時期だったのかもしれない…。

「ラテンクォーター」と力道山

戦後まもなく、のちにホテルニュージャパンが建設される東京・港区赤坂の土地には、バラック建ての「ラテンクォーター」というナイトクラブと、やはりバラック建ての北海道建設の事務所があった。その土地の所有者が、あるとき、児玉誉士夫に泣きついた。

「第一相互銀行の担保として取られないようにしてください」

しかし、第一相互銀行のバックには、児玉機関の副機関長であった吉田彦太郎がいた。

吉田と児玉は、ツーカーの仲だ。その土地が、双方の話し合いの結果、第一相互銀行のものになるまでに、それほど時間はかからなかった。

第一相互銀行から土地の管理を依頼された吉田は、上海の児玉機関時代からの腹心である高原重吉に命じた。

「おまえが、大将として管理しろ」

野上宏らが、高原をサポートすることになった。

ラテンクォーターは、シャタクというアメリカ人が経営していた。

一方、シャタクは、港区青山で違法のルーレット賭博も手がけていた。

そのルーレット賭博に捜査が入り、シャタクは、アメリカに強制送還された。

ラテンクォーターは、吉田彦太郎と児玉誉士夫が話し合い、吉田が引き受けることになった。児玉機関の部長であった岩宮尊が支配人となり、水商売に精通している吉田の経営する大元産業の山中純義が財布を握った。

ラテンクォーターには、プロレスラーの力道山も、たびたび顔を見せた。

力道山の初土俵は、昭和十五年（一九四〇年）五月であった。誕生日は日本の年号でいえば、大正十三年（一九二四年）十一月十四日である。満十五歳の初土俵ということだが、これはあくまでも力道山自身の証言でしかない。

初土俵の記録はゆるぎもない事実だが、誕生日に関してはわからない。プロレス関係者のあいだでは、さまざまな説がある。

「力道山は、十歳ばかりサバを読んでいた。本当の年齢は、彼の年齢に十足した年齢だ」

あるいは、こういう関係者もいる。

「力道山が生まれたのは、大正十一年だ」

本当の年齢は、いまも定かでない。力道山自身、己の出生については、ひたすら口を固く閉ざしつづけた。死ぬまで、それは変わらなかった。

「長崎県大村市出身」と本人もいい、まわりも信じていた。が、いまでは相撲博物館の記録により、謎であった出生は明らかにされている。

出身地は、現在の朝鮮民主主義人民共和国である咸鏡南道洪原郡龍源面新豊里三十七番地。父親は金錫泰、母親は巳。が、力道山自身は、「長崎県大村市で生まれ、父は百田巳之吉、母はたつの長男で、本名は百田光浩」と死ぬまでいいつづけた。

力道山の本名は、金信洛。三人兄弟の末っ子であった。

少年時代、力道山は日本の相撲にあたる「シルム」という格闘技の力士として、強腕を唸らせていた。兄たちとともに、家計を助けるためでもあった。

力道山は、朝鮮にやってきてシルムを見物した百田巳之吉に見出される。百田は長崎県大村で興行師をやり、置屋の経営もしていた。また、大の相撲ファンで、大村出身の二所ノ関親方、元横綱玉の海の後援会幹事もつとめていた。

力道山の雄姿を見て、すっかり惚れ込んだ百田は、力道山をスカウトし日本に連れ帰った。そうして、玉の海率いる二所ノ関部屋に入門させたのである。昭和十四年のことであった。

力道山は、おどろくべきスピードで出世していった。昭和十七年一月場所では、三段目で八戦全勝優勝。五月場所から幕下となり、翌十八年五月場所まで三場所連続勝ち越しを決め、昭和十九年五月場所では五戦全勝で幕下優勝をかっさらった。次の十一月場所から十両となり、関取となった。

この間、負け越しは一度だけ、序ノロからわずか九場所で、十両となっている。しかも、全勝優勝が二回。

昭和二十一年十一月場所から前頭十七枚目となり、新入幕を果たした。ここまでは、わずか四場所しかかかっていない。二年後の二十三年五月場所では、前頭三枚目で殊勲賞を獲得、新入幕からこれも四場所で東の小結に昇進した。

翌二十四年五月場所からは、西関脇となった。

その後、二十五年九月場所をボイコットし、相撲界を飛び出るまで、肺ジストマに苦しめられようとも、一日も休まず出場した。不撓不屈の男であった。二十六年、プロレスに転向した。

「児玉先生、力道山に注意してくださいよ」

児玉が後ろ楯としている、新宿を拠点とする東声会（のちに東亜会）会長である町井久之があるとき、プロレスラーの力道山を、児玉のところに連れてきた。

在日韓国人の町井は、韓国人の仲間たちからは、〝ファンソ〟と呼ばれて尊敬されていた。〝ファンソ〟というのは、韓国語で、オスの猛牛の意味である。

戦後、銀座を中心に暴れまわっていた頃から〝銀座の虎〟とも呼ばれていた。

町井は、終戦直後、銀座に進出、急激に台頭した外国人の勢力を集め、のし上がっていった。銀座に進出したときは三十人そこそこであったが、胆力と知力にものをいわせて、わずか数年で千五百人もの構成員を擁する大組織に急成長した。

町井は児玉誉士夫と深いつながりをもち、児玉とともに日韓国交正常化の舞台裏で暗躍していた。韓国の朴正熙大統領と親しく、児玉と朴大統領の橋渡しをしたともいわれる。

児玉、町井は、岸信介をはじめ、大野伴睦、河野一郎、川島正次郎ら、いわゆる韓国ロビーといわれた政界の実力者たちと韓国との橋渡しもしていた。

その町井が、あきれ顔で児玉にいった。

「この力道山というのは、とにかく乱暴者で、酒を飲むと手がつけられなくなるんだ。児玉先生、力道山に、なんか注意してくださいよ」

力道山は、酒乱の気があり、酒を飲むと見境がなくなった。さまざまなところで暴れまわった。なにしろ、空手チョップを得意技にしている。力道山にやられたら、命を落としかねない。

かつて、酔っ払った力道山がラテンクォーターでも大暴れし、止めに入ったボーイを殴りつけるという事件が起こったことがあった。

翌日、相撲界からプロレス界に転向し、レフリーとして活躍していた九州山が、力道山とマネージャーを連れて、野上宏らのところに詫びにやってきた。

九州山は、パイナップルなど果物の折り詰めを差し出し、責任者の高原重吉に謝った。

「昨晩は、申し訳なかった」

野上は、カチンときた。なにしろ、力道山に殴られたボーイは、入院し、全治一ヵ月と診断されている。折り詰めを突き返すや、九州山らを怒鳴りつけた。

「この野郎、こんなもんですむかッ！」

九州山は、力道山の後見人であった明治座社長の新田新作に泣きついた。野上は知らなかったが、新田と吉田彦太郎は顔見知りであった。

結局、新田が仲立ちに入り、築地の料理屋で手打ち式がおこなわれた。野上も、末席に座ることを許された。ただし、今度は親分同士の話し合いなので、口をはさむことはなかった。会話の内容も、よく聞こえなかった。

そのときは、話し合いの結果、力道山がボーイに見舞金を渡すことで手打ちとなったのだった。

町井の訴えを聞いた児玉は、苦笑いを浮かべた。

「わかった。じゃあ、リキ、手を出しなさい」

力道山も、さすがに児玉が相手では口答え一つできない。鍛え抜かれて筋肉の盛り上がった腕を、素直に児玉に差し出した。

児玉は、諭すようにいった。

「いいか、もう乱暴してはいけないぞ。この手は、二度と使ってはいけないよ」

児玉は、力道山の太い腕に、包帯を何回も巻きつけた。右翼の大立者にも、こういう茶目っ気のある一面があった。

児玉にそのようなことをされて、力道山は恐縮したようであった。

数ヵ月後、町井に連れられて児玉に会いにきた力道山は、児玉の顔を見るなり、背中を少し丸めながら腕を差し出した。

「このとおり、あのときの包帯をまだ使ってます」

力道山の〝帰郷〟を仲介

吉田彦太郎がラテンクォーターを引き受けてから一年後、ラテンクォーターが火事に見舞われた。放火という説もあったが、そうではなかった。

たいして焼けたわけではないが、店は閉めることになった。吉田は、その跡地にビルを建設する計画を立てた。実際、設計士が図面を描いていたが、建設費用の問題で折り合いがつかずに断念した。

吉田は、この土地を岸信介の紹介で知り合った藤山愛一郎に譲ることにした。吉田は、政界にも顔が広かった。藤山は、岸内閣の外相をつとめていた。

藤山は、この土地にホテルニュージャパンを建設することになった。

野上は、つい愚痴をこぼした。

「おれたちの行くところがないわい。ただで立ち退きができるか」

その愚痴が、吉田彦太郎の耳にも届いた。吉田は、かわいい野上のために藤山と話し合った。そして、なんとホテルニュージャパンの地下の三百坪を無償で使っていいという約束を取りつけた。ここで、昭和三十四年から「ニューラテンクォーター」を営業することになった。

吉田は、親戚の山本平八郎に経営を任せることにした。山本は、九州で三店舗ほどのキャバレーを経営し、〝九州のキャバレー王〟と呼ばれていた。その際、山本に頼んだ。

「野上を、引き取ってくれ」

山本は、野上を顧問というかたちでみかじめ役、つまり用心棒として雇った。さらに、ホテルニュージャパンの七階にかまえた野上事務所の家賃を肩代わりしてくれた。野上事務所は、風呂もついている広い部屋であった。

三百坪という広さを誇るニューラテンクォーターには、百二十人ほどのホステスが在籍し、常時、百人は、店に出ていた。客も日本の財界を代表する人物ばかりで、芸能人や政界、官界からも大変な人気を博していた。

ステージも、海外の有名人が「歌うなら、ニューラテンクォーターで」と口をそろえるほどであった。トム・ジョーンズ、ルイ・アームストロング、ポール・アンカ、サミー・デイビス・ジュニア、アンディ・ウィリアムズなど錚々たるエンターテイナーがショーをおこなった。年間の利益は、一億円ほどであった。

昭和三十八年（一九六三年）になると、にわかに力道山の身辺も騒がしくなった。日本人にとってだけでなく、朝鮮半島に住む人々にとっても祖国の英雄である力道山には、何度も韓国訪問の話が執拗に舞い込んできていた。韓国政府からの招待にはちがいなかったが、問題があった。ヤクザ組織などが、こぞって自分のルートで行ってくれといってきたのである。六つほどのルートがあった。

力道山は、断わりつづけていた。自分の出生を、隠しつづけなければならないからであいる。韓国に行ったことが公になれば、その問題が取り沙汰されるに決まってる。日本の英雄が、じつは日本人ではなかったというと、ここまで盛り立っててきたプロレスの人気が落ちてしまうと考えていた。

だが、興行面で世話になっている山口組三代目田岡一雄や、長い付き合いをしてきた東声会会長の町井久之の強い要請もあって、極秘で訪韓することを決めた。

ただ、田岡ルートか、町井ルートかで、ギリギリまでもめにもめた。児玉誉士夫があいだに入って、ようやく決まったのは、田岡のルートであった。

それでも力道山は、行くべきかどうか、なお悩んでいた。リキ・スポーツパレス専務の宍倉久が筆者に語ったところによると、宍倉を、力道山はリキ・アパート八階の自宅に呼んだという。リキ・エンタープライズ専務の吉村義雄が、同席していた。力道山は、宍倉をあだ名で呼んだ。

「チビ、いままでおまえにはいわなかったけれども、おれは日本人じゃないんだ。そういったら、仕事ができるか、といわれると思って、いわなかったんだ」

「冗談でしょう。そんなこと、まったく関係ありませんよ。わたしは、力道山という人間のもとで仕事をしてるんです」

宍倉がそういうと、力道山は感慨深げな表情になった。

「韓国行きの話があるんだ。おれは、あまり気がすすまないんだが……。おれが韓国に行けば、新聞にはおそらく、『力道山故郷に錦を飾る』、なんて書かれるだろうな。おれは、人気が落ちるのはかまわないんだ。ただ、ファンの子どもたちが力道山にもっているイメージが、狂うようなことがあったら困る……」

宍倉がいった。

「そんなこと、どうってことないでしょう。たとえ百人の子どものうち、五十人が離れても、力道山の生き方を見て、やっぱり立派な人、強い人と思いなおせば、きっとついてきますよ」

力道山は、肚を固めた。

「そうか、わかった。それじゃ、おまえのいうことを聞いて、韓国に行こう」

ただし、極秘とされた。関係者には、箝口令が敷かれた。

「行くな、おれにも面子がある」

日本を発つのは、日本航空の国際線スチュワーデス田中敬子と婚約発表した翌日の一月八日であった。宍倉はその日、早朝六時半頃、リキ・アパートに行った。エレベーターで上がろうと、受付のあるホールに入ってみると、顔見知りの東声会の手の者が数人いた。

「オヤジ、行くの？」

と訊いてきた。

「ああ、行くよ」

「そうか、それなら悪いけれども、今日あんたのオヤジ、撃たなきゃなんねえ。危ねえから、オヤジの近くを歩くなよ」

コートの下から、拳銃をちらつかせた。

「何いってんだ。おれのオヤジだ。おれはヤクザじゃないし、撃たれる理由もない。ちゃんとオヤジの前を歩くよ」

児玉誉士夫が、どちらのルートで行くかもめていた山口組と東声会のあいだに入って山口組に落ち着いたというのに、やはり面子というものがあるのである。面子を潰されたかぎりは、落としまえをつけさせてもらう、というのだった。

宍倉は、八階の力道山の部屋に上がった。韓国に同行する吉村義雄が、すでにきていた。

力道山は、ちょうど箱根にいる東声会の首領、町井久之に電話をし終えたところだった。

町井は「行くな、おれにも面子がある」と力道山に迫った。

宍倉は念のため、アパートの表と裏に車を手配した。

「下に、東声会の連中がきています」

そういっても、もはや力道山はひるまなかった。

「さあ、行くぞ」

荷物を抱えて、下に降りた。エレベーターを出たところで、拳銃を抜いた面々に囲まれた。

「リキさん、行くの?」

「行くよ。いま、箱根の町井と、電話で話をつけたよ。疑うんなら、電話してみな」

力道山は、嘘をいった。彼らが電話に走っているあいだに、表に停まっている車に乗り込んだ。運転手に「飛ばせ!」と命じるや、車は羽田に向かって、フルスピードで走り出した。

力道山らは、ノースウェスト機で飛び立った。

韓国では、国賓待遇を受けた。ジープが日韓両国の国旗を掲げて先導していくなかを、力道山はシボレーのオープンカーに乗って、ソウル市内をパレードした。

「東亜日報」は、大々的に力道山歓迎の記事を書き立てた。

「日本に帰化したが、血脈は変わらない」

「日本でも有数の金持ち」

「プロレスリングの王座に」

首相、文部大臣、KCIA(韓国中央情報局)長官らとつぎつぎに会見がもたれた。

「リングの上で死ねれば、本望ですよ」

四日間の韓国訪問を終えた力道山は、一月十一日に帰国した。その日は金曜日であった。

金曜日には、渋谷のリキ・スポーツパレスで、テレビマッチがおこなわれる。試合に出るために、帰ってきた。

じつは、訪韓中、中日新聞一紙が、外電で力道山の訪韓を伝えていた。これには力道山も肝を潰したが、他紙は書かなかった。日本の英雄、力道山のタブーは、マスコミ各社が自主規制するほど強力に機能していたのである。

羽田空港から、まっすぐ赤坂の料理屋「鶴ノ家」に向かった。そこには、山口組三代目の田岡一雄が待っているはずだった。

「鶴ノ家」では、力道山、田岡、それに力道山を訪韓に向かわせた一言を発した宍倉の三人で、テーブルを囲んだ。田岡が、力道山を心配気に見やった。

「リキさん、きょうは試合に出るのは、やめなさい。うちの連中には、リキ・パレスを守らせてはいるけれど、東声会の連中も、頭に血がのぼっとるからね。児玉さんになかに入ってもろて、話はいちおうつけてはあるが、上で話がついても、ここで名をあげてやろうちゅう若い衆が、ぎょうさんおるからね。リングの上で撃たれるかもしれん」

だが、力道山は、断わった。

「お気持ちはありがたいんですが、待ってくれてるファンがいますから。わしは、プロレスで飯を食ってる人間です。リングの上で撃たれて死ねれば、本望ですよ」

「おいおい、チビ、どうする」

田岡は宍倉を、困った顔で見つめた。

「いや、プロレスは、わたしのもんじゃありませんから。オヤジがそういう以上、任せるしかないんじゃありませんか」

宍倉が無表情で答えると、力道山がおなじような顔で彼を見返してきた。

「なあ、チビ、しょうがねえよな」

「ええ、しょうがないですよ」

その日、力道山は、リキ・スポーツパレスのリングに上がった。訪韓の余韻など、みじんも見せなかった。

何十人とリングのまわりで身構えていた山口組の手の者たちは、ついに動くことはなかった。

昭和三十八年十二月八日の夜、「ニューラテンクォーター」にいった力道山は、ひさしぶりの酒でしたたかに酔った。居合わせた小林楠男率いる大日本興業（のち住吉一家小林会）の組員と喧嘩になり、腹部を刺された。

二度の年術をおこなったが、十二月十五日午後九時五十分頃、息を引き取った。死因は、穿孔性化膿性腹膜炎とされた。

東洋精糖乗っ取りを阻止

児玉は、一方、民間企業のもめごとにもフィクサーとして介在していた。

「東洋精糖事件」は、「白木屋乗っ取り事件」で名を馳せた横井英樹が引き起こしたもので、この事件にも児玉誉士夫がからんでいる。

横井が、昭和三十一年（一九五六年）五月、東洋精糖株の買い占めをはじめた。ついには東洋精糖の社内へも手をのばし、乗っ取りを計画していた。横井の背後では、白木屋事件で横井の買い占めた株を最後に引き取り、白木屋を傘下におさめた東急電鉄グループのオーナーの五島慶太が糸を引いていた。五島はすでに、同様の方法で、六十社以上の会社を乗っ取り、その辣腕ぶりは、世間に鳴り響いた人物だ。

乗っ取り派は東洋精糖の重役陣へ手をまわし、抱き込み工作をはかった。さらに自派の重役を送り込んだ。

重役陣へクサビを打ち込むと、昭和三十四年（一九五九年）八月四日、重役会を招集し、一気に自派の社長藤本一男を決めようと計画した。

「保全経済会事件」で児玉と知り合っていた弁護士で、のちに推理作家となる佐賀潜は、この事件では東洋精糖側の弁護士として暗躍している。佐賀の書いた「月刊宝石」昭和四十一年二月号の「黒幕・児玉誉士夫」によると、佐賀は、この重役会の模様を、後日の証拠にするため、あらかじめ隠しマイクを用意させたという。重役会は、秋山利太郎会長の息子である秋山利郎社長が議長となり、議事が進められた。

乗っ取り派は、突如、「社長更迭」を提案した。議長は、その権限をもって、閉会を宣告し、秋山派の重役は退場した。すると、残った重役たちは、「重役会続行」を決め、現社長秋山利郎を罷免。自派の重役藤本一男を、新社長にする決議をおこなった。その日のうちに、ただちに登記をすませてしまった。

この事件の当事者である秋山利太郎会長の著書『わが風雲録』によると、初めは右翼の三浦義一に仲介を頼もうとしたという。が、秋山のところに出入りしている人が「三浦氏と関係の深い児玉誉士夫氏がいいのではないか」と進言してくれたとある。この「出入りしている人」というのは、おそらく佐賀潜のことであろう。が、秋山は、このときは児玉に仲介を頼むのを思いとどまっている。

佐賀によると、彼が児玉のところへ飛び込んだのは、このときであるという。他人が営々として築き上げた企業を、横合いから盗むに等しい行為が、合法の名において許されていいはずがない。ある程度、株を買い占め、重役たちを買収することによって、企業を入手する方法が、東洋精糖以外にもおこなわれ、多くの経営者が泣いている。さながら、戦国の乱世ではないか。

佐賀は、熱心に、児玉に頼んだ。

「よし、やろう」

児玉は、佐賀の話を聞くと、快諾した。

秋山利太郎会長は、佐賀の手引きで児玉に会ったのか、『わが風雲録』に、児玉との出会いをこう書いている。

「ここで私は、児玉さんと会う決意をした。『横井氏がやったにせよ、五島さんがやったにせよ、私はあらゆる方法で、両面からいじめられている。シャクにさわるが、ここまできたらいたしかたがない。病人の五島さんを葬っても意味はないが、社会のためということを考えれば、あくまで、立ち向かいたい。それが、まじめに働いているもののためになるのではないか』

私は覚悟を決め、自分の心境を語るとともに率直な意見を児玉さんに話した。

今から思えば、ずいぶん無茶な話であるが、当時とすれば、まったくいつわりのないところである。

児玉さんも、

『そこまで考えているなら、なんとか仲介の労をとりましょう』

私の話を受けてくれた。

児玉さんは私の話をすっかり聞いてから、『こういうことは一方的な話ではいけない。五島さんの方の話も聞いてみましょう』

ということで別れた。

児玉さんにはすまない話だが、内心、多少危惧の念がないでもなかった」

「児玉誉士夫は不思議な人だ」

児玉は、まず、乗っ取り派に、本社や工場を占拠されないため、関東一円から、右翼団体の頭領や、親分衆を集め、本社社屋を守らせた。その数は、三十人を超えたといわれている。

一方、社員・工員たちは、いずれも鉢巻きをし、本社と工場に、ピケラインを張った。

つまり、乗っ取り派の新社長以下が乗り込んでくるのを、実力で阻止しようとしたのだ。

佐賀は、弁護士として、数人の弁護士の応援を頼み、新社長の「職務執行停止の仮処分」の申請を、裁判所へ提出した。秋山派も、乗っ取り派も、裁判官の審訊を受けた。問題は乗っ取り派が開いた重役会の議事が、有効か、無効かにあった。佐賀は、裁判所へ、隠しマイクで録音しておいたテープを、証拠として提出した。

裁判官の面前で、何回も、録音テープがかけられた。その結果、乗っ取り派の新社長任命は、重役会終了後の決議によるもの、との認定を受けた。新社長の藤本一男は、社長としての職務執行を停止された。弁護士谷村唯一郎が「代行社長」として任命された。

こんなわけで、両派の争いは、持久戦となり、児玉の政治工作がはじまった。

たまたま、五島慶太が、病気のため昭和三十四年八月十四日に死去した。局面は、急転回し、和平の気運が動き出した。

児玉は、親しい大映社長の永田雅一に出馬してもらい、東急電鉄側へ工作の手をのばした。最後は、総理大臣岸信介にまで口をきいてもらい、東急電鉄の二代目社長五島昇を説き伏せた。東急電鉄側が買い占めた株式の全部を秋山側で買い取ることとなり、乗っ取り事件の終止符を打ったのである。

秋山会長は、『わが風雲録』に児玉への感謝を書いている。

「児玉さんは、誠意をもってほんとうによく骨を折ってくれた」

佐賀も、書いている。

「法律は、時には、危機を救うため、時間的に間に合わないことがある。洋糖の重役会の議決がそれだ。この危機を救ったのは、児玉の実力だった。

法律は、時には、全く無力のことがある。東洋精糖事件の、経済力の対決がそれだ。この対決を、和平にみちびいたのは、児玉の政治力だった。

『児玉誉士夫は、不思議な人物だ』

僕は、彼の童顔を眺めながら思った」

佐賀は、児玉の顔を童顔と書いているが、評論家の大宅壮一は、『大宅壮一の本2 人物鑑定法』の「児玉誉士夫論」で、児玉の印象についてこう表現している。

「いま、食卓をへだてて私の眼の前にすわっているのは五尺(約一五〇センチ)そこそこの小男である。イガ栗頭で鉛色の皮膚、久しく洞窟のようなところにとじこめられていたのが、急に明るみに引出されたという感じ。眼は細く、レンズでいうとF16か、せいぜいF8程度、それも長焦点で、奥の方からのぞいている。ぜんたいとしての印象は、一種の猛獣にはちがいないが、ライオンやトラのように陽性ではない。

それに、よく注意してみると、額に傷痕が筋をひいている。片眼の丹下左膳のように、派手な傷ではないが、そこから妖気のようなものをただよわし、いくたびか刃の下をくぐってきたことを物語っている。誰の眼にも〝活劇の金鵄勲章〟保持者と映る顔だ」

児玉を「先生」と呼ぶ中曽根

読売新聞政治部記者の渡辺恒雄は、大野伴睦を通じて人脈を広げていく。そのなかの一人に、児玉誉士夫がいた。その児玉とより深いつながりをもつようになるのが、これまでベールに包まれてきた弘文堂とのかかわりにおいてであった。

弘文堂は、かつては「東の岩波」「西の弘文堂」とうたわれたほど、アカデミズム出版社の名門であった。

明治三十年からある老舗で、本社は京都にあり、河上肇の『貧乏物語』や内藤湖南の『支那絵画史』など、アカデミズムの名著を出していた。戦後も「アテネ文庫」を出し好評を博していた。のちに、弘文堂は東京の神田駿河台に本社を移した。

昭和三十年頃、二代目社長の八坂朝太郎が、それまでの木造の社屋を鉄筋ビルに建てかえた。その三千万円近い建築資金を、東海興業から借りた。東海興業は、冷蔵倉庫建設のパイオニアで、のちにロッキード事件のとき児玉誉士夫関連の企業として噂にのぼった会社である。

ところが、建築資金を弘文堂が東海興業に返済できなかった。このことから、魑魅魍魎たちが暗躍をはじめる。

当時弘文堂の営業宣伝を担当していた早武忠良暁印書館代表取締役が、内情を話す。

「東海興業は弘文堂にカネを貸しつける際に、ビルの権利はもちろん、八坂社長の持っている弘文堂の株式まで担保に取っていたわけです。つまり、売渡条件つきの担保ですね。そのため、昭和三十六年頃まで、弘文堂と東海興業とのあいだにビルの権利をめぐるゴタゴタがつづきましてね。どういうわけかヤクザのM会なんかも乗り出してきまして、東海興業が弘文堂を完全に乗っ取ろうとしたわけです」

一時は、弘文堂ビルも株式も、完全に東海興業の手に渡ってしまった。

しかし、弘文堂に中村正光という社員がいた。じつは、日本共産党の東大細胞であった東大新人会時代、渡辺とともに反党分子として日本共産党東大細胞を除名された人物である。中村は、当時読売の有力な政治記者であった渡辺に相談を持ちかけた。渡辺は、昭和三十三年九月、中村の世話で弘文堂から大野伴睦の推薦文つきの『派閥　保守党の解剖』を処女出版していた。弘文堂とは、浅からぬ縁であった。

渡辺から、中曾根康弘に話が持ち込まれた。中曾根は、なぜか児玉に相談を持ちかける。

そのいきさつを、昭和四十二年（一九六七年）の「大橋富重事件」で児玉が証言している。この大橋富重も、弘文堂に深くからむことになるので、簡単に説明しておこう。

昭和三十二年頃から、京成電鉄の株を、田中角栄の刎頸の友である小佐野賢治国際興業社主が買い占めにかかった。相手が小佐野と知り、苦りきった京成電鉄社長の川崎千春が、同社の不動産買いのダミーである、興亜建設社長の大橋に、小佐野の株を買収するように依頼した。

ところが、大橋は六百万株も買い占めている小佐野に、逆に欲しくもない土地や株券を高値で買わされる。役者が一枚も二枚もちがったわけである。

頭を抱えた川崎社長は、最後の頼みとして児玉に仲介を頼む。

昭和四十二年四月十二日の第十八回公判で、児玉が弘文堂のいきさつについて非常に興味深い証言をしている。

「――大橋を知っているか。

児玉　三十六、七年ごろ、政界の中曾根さんの紹介で知った。

――どんな紹介か。

児玉　弘文堂という出版社を中曾根さんが私になんとか助けて欲しいと話があった。ところが資金不足で二千万円ぐらい集めねばならない。中曾根さんは『友人の大橋にも金を出してもらう』といい、初めて会った。そのときわたしが三百万円から五百万円、大橋君に株をもってもらうことになった」

昭和四十三年十一月十一日の第五十八回公判でも、児玉は弘文堂についてさらにくわしく証言している。

「――前回の証言で中曾根代議士の肝いりで、弘文堂を助けるときに大橋が金を出したということを述べたね。

児玉　はい。

――その際の金額だが、もう少し出した記憶はないか。

児玉　株券で二度くらい、計七百万円ぐらいというふうに記憶している。（中略）中曾根さんから大橋の紹介を受けたのは、弘文堂救済のためで、お金が足りない。ぼくにも金を出してくれということで、わたしも協力し、金を出そうといった晩に、赤坂の料亭で中曾根さんから『若い実業家から金を出させるから今晩紹介する』というので、それが最初の紹介だったと思う」

赤坂の料亭というのは、「金龍」のことである。大橋は、河野一郎派の春秋会に出入りしていて、中曾根とは、昭和二十八年頃からの知り合いであった。資金面の援助までしていた。

大橋の証言によると、その席には、渡辺恒雄もいた。

中曾根は、しきりに児玉を「先生」と呼び持ち上げていたという。

そして大橋は、数日後に七百万円を都合したという。

のち中曾根は、昭和五十二年（一九七七年）四月十三日におこなわれた衆議院ロッキード問題調査特別委員会の証人喚問をうけた。が、児玉との〝黒い仲〟は全面的に否定。

「節度は守ってきた」と弁解につとめたが、はたしてこれが節度ある付き合いであったといえるだろうか。

弘文堂を利用する児玉、中曾根、ナベツネ

かくして弘文堂に児玉が乗り込むことによって、M会をバックにした東海興業も手を引くことになった。

かわって、児玉を中心とした錚々たるメンバーが株主に名を連ねる。

大橋富重　十三万七千株
北海道炭礦汽船　十万株
東京スタヂアム　六万株

東日貿易　六万株
児玉誉士夫　四万株
中曾根康弘　二万株
渡辺恒雄　二万株

北海道炭礦汽船は、児玉、河野一郎と深いつながりにあった萩原吉太郎の経営する会社である。東京スタヂアムも、やはり児玉、河野一郎とつながりの深い大映社長の永田雅一の経営する会社である。東日貿易は、デヴィ夫人をインドネシア大統領スカルノに世話したといわれている、政商久保正雄の経営する会社である。

このメンバーを見ると、わずか資本金二千三百万円の、それも京大、東大に食い込んだアカデミズムの出版社の株主の顔ぶれとはだれも想像すまい。政財界を股にかけるフィクサーがズラリとそろう。

代表には、渡辺昭男が据えられた。渡辺恒雄の実弟である。渡辺恒雄は、読売新聞社の社員である。いくらなんでも弘文堂の社長にはなれない。代わりに、実弟を据えたのであろう。

かつて弘文堂の編集部長であった西谷能雄未来社社長が、嘆く。

「渡辺さんが社長になってからの弘文堂は、きわものというか、やたらとジャーナリスティックなものの出版が目につくようになった。以前の弘文堂がもっていたアカデミックな風格というものは、すっかり失われてしまいましたね。戦前からの学者や執筆者も、弘文堂からつぎつぎに離れてしまった……」

さて、企画書捺印欄に名を連ねた中曾根康弘、渡辺恒雄、児玉誉士夫は弘文堂をどのように利用したのか。

渡辺恒雄は、初めての著書『派閥』につづき、『大臣』『党首と政党—そのリーダーシップの研究』、それに『大統領になる方法』の共訳などを出している。

中曾根も、三十七年に渡辺恒雄との共訳『政界入門』、三十八年に『南極—人間と科学』、三十九年に『党首争い—英国保守党の主導権抗争』と矢継ぎ早に本を出版している。

三十八年に首相公選推進連盟を設立、中曾根は首相公選論をぶち上げた。この中曾根を応援するように、弘文堂からは吉村正編『首相公選論—その主張と批判』が出版されている。

児玉も、弘文堂に乗り込んだ年の三十六年八月、さっそく川端龍子装丁の『悪政・銃声・乱世　風雲四十年の記録』を出版している。三人とも、弘文堂を巧妙に利用している。

筆者は、『小説政界陰の仕掛人』を書くとき、渡辺恒雄に弘文堂問題について訊いた。

●——弘文堂というのは、どういう経緯で……。最初に渡辺さんに話が持ち込まれて、弟さんにということだったんですか。

そうじゃなくて、あれは弘文堂のいろいろなお家騒動があって、いま死んじゃったけど、井上巌三という人がいて、これは高碕達之助の秘書だったんですよ。その秘書が、前の経営者から、事実上弘文堂を乗っ取った。

それからもう一つは、東海興業という土建屋の中西小一とかいう人が、弘文堂の発注を受けて、弘文堂ビルをつくるんですよ、御茶ノ水の駅前に。そしたら、不況で支払ができなくなって、ビルも株券も、担保にとられちゃった。そこで中西の会社になるか、井上の会社になるかという段階になった。井上は高碕達之助の子分、中西も高碕達之助に頭が上がらない。そこで高碕達之助と中曾根の関係が出てくるわけだ。それから今度は、中西は児玉誉士夫と親しかった、そのころは。それでずっとごたごたがあった。ぼくの本をあそこで出してましたから、そういう関係で、中西さん、井上さんに会って頼んであげようといった。

ぼくは、中西さんにいったんだ。弘文堂というのは高級な出版社なんだし、その高級な出版社を土建会社が乗っ取ったって、本なんか出せないじゃありませんか、無条件で返してくれませんか。そのかわり、ビルは差しあげます、ということで、差しあげちゃった。で、四階か五階建か忘れたけど、そのビルのてっぺんにプレハブで、一階継ぎ足したんですよ。そこに弘文堂は引っ越した。

そのときに、児玉誉士夫にも頼んだのかな。あれは中西と親しかったから、株を手放すようにといってね。それで口をきいてくれたのかもしれない。おれだけの力でそうなったとも思わないんでね。で、中曾根の本もたしか出してたんで、中曾根も、あの本屋をつぶすのはもったいない、なんとかもりたてようじゃないかという。ぼくも文筆で食っていこうと思うから、ひとつくらいは親しい本屋に貸しをつくっておいてもいいと思って、増資の資金を十万円くらい出したのかな。いまの金で百万円くらいを、何人かで集まって出した。

児玉誉士夫は、そのまえから自分の回想録をいい本屋から出したいといってたんで、じゃあ、あの弘文堂から出したらどうですかということになって、児玉誉士夫も、弘文堂に非常に関心をもつわけです。それで弘文堂がいちおう復活する。

ぼくの弟は、地方財務協会の出版課長みたいなことをやってたんです。で、出版のノウハウを知ってるというので、専務かなんかで入った。そうしてるうちに、社長になった。

いまは、弟が死んだので、後輩が社長をやってるわけです。

●——当時、大橋富重さんから資金を……。

大橋は、児玉の家来で、大野伴睦のところにも出入りしてたんだ。大橋というのは、当時、大野さんもその周辺もあんな詐欺師だとは思わなかったね（手形詐欺事件で逮捕。懲役四年六ヵ月の判決）。朝六時に起きて、夜六時にうちに帰るという、非常に実直な青年実業家だったんだ、ぼくらの知ってる大橋は。裏でなにやってるのか、全然わからない。

大野伴睦は、あんなまじめな青年はいないといって、大橋君、大橋君だった。大野さんが死んでからですよ、馬脚をあらわしたのは。そのころは、まったくまじめな青年実業家でさ、自分の子供の学校の先生の本を出してやってくれとかいってきて、出してやったんだ。そのつながりだけですよ。ほかは、なんにもない。

●——あと、児玉さんが少し援助してくれということで、八百万かなんか出したと……。いちおう、資金は出されたんですね。

それは、増資の株だろうと思う。児玉も、おれのほうでも増資に応ずるとかいって、株は多少やったってどうってことない、五〇パーセントとらなきゃいいんだから、それで児玉のところでいくつかやったのがあるんです。そのなかに大橋がはいっていたかどうか、おぼえてない。とにかく、本を出してやったことは事実です。数学かなんかの本ですよ。

●——当時の弘文堂の本は、ものすごいいいのがありますね。

老舗ですよ。法律学だって、有斐閣か弘文堂かといったんだから、ひとこといっておきたいんだがね。弟の昭男は、その後、弘文堂の過去の腐れ縁を絶ち切ろうと、それは努力したんだ。大学教授たちを執筆陣にたのむには、やはり株主に児玉の名があっては警戒されますからね。それで、いったん解散して、児玉、中曾根の株をゼロにしてしまった。

それから再建し、軌道に乗せて弟は社長の座を後輩に譲り、身を引いたんだ。弘文堂は、いまや、アカデミズムな出版社としてみごとによみがえっていますよ。昭和六十年には、中小出版社の二百社でつくっている社団法人『梓会』が年に一社選んであたえる賞の出版文化賞をとっている。平成元年には、『遺伝管理社会』で、毎日出版文化賞もとっている。土居健郎の『甘えの構造』という大ベストセラーを出したのも、弘文堂なんだ」

日韓交渉の折衝役

このように、児玉と読売新聞の渡辺恒雄の仲は、いっそう深まっていた。児玉は、『生ぐさ太公望―随想』で、こう書いている。

「韓国はその年の三十七年十二月中に、日韓国交回復の条約がまとまらないと、間もなく行われる朴大統領の選挙に響くという逼迫した情勢にあった。自分は大野先生を説得して自分と共に韓国に渡ってもらった。行ってみると、日本政府の腹がきまらんため、韓国の情勢は想像以上に逼迫している。これは自分一人だけでは駄目だと思ったので、大野先生とごく親しい読売新聞の渡辺恒雄さんにありのままの事情を連絡して、応援にきてもらった。そこで、大野先生と渡辺さんが、早々に金鍾泌（のち韓国首相）氏や、そのほか韓国の最高首脳部の人々との会談になった。そのとき、自分は大野先生に、

『これは、先生がアジアの将来を考えれば腹をきめて決定してしまうことです。先生がこちらで決めたことを、日本に帰って自民党政府が承知しないようなら、先生と河野先生が一緒に自民党を脱党されることです。お二人で脱党となると、

いかに官僚主義の池田でも手をあげてしまいますよ。要するに先生が韓国に対して、日本の約束手形を切ってしまえばことはかたづきます』と話すと、しばらく、じっと考えていた大野先生は、『よしやろう』と決心された」

韓国政府が、平成十七年（二〇〇五年）八月二十六日に、それまで極秘であった外交文書を明らかにした。それによると、児玉は、韓国との国交回復のために、駐日韓国代表部参事官と定期的に接触し、日本政界の情勢を伝えていた。日本の要人のだれと接触すべきかを詳細にアドバイスしている。

昭和三十七年（一九六二年）三月十三日に、駐日韓国代表部の参事官と会った際には、日韓国交正常化にかかわり、最大の難関であった対日請求権問題について、情報筋の話を伝えた。

「日本側は、請求権一億ドル、無償援助二億ドルの計三億ドルにするだろう」

日本側が韓国の要求を六億ドルと見積もっているとも伝えたうえで、日本の意向をしめした。

「両国の考える中間の四億五千万ドルに、会談代表の裁量分の五千万ドルを加え、日本側は最大五億ドルで結論を出す方針だ」

最終的には、日本と韓国は、「無償三億ドル、有償二億ドル」、さらに、民間協力資金一億ドル以上で合意した。

児玉は、日本側の交渉戦略について熟知していた。

児玉は、昭和三十七年四月十九日夜には、大平正芳官房長官のメッセージを韓国側に伝達した。

「韓国側が三十八度線以北の部分の支払いを主張するなら、会談妥結の可能性はない」

大平から聞いた日本政府の対処方針まで詳細に話している。

さらに、児玉は、アドバイスした。

「小坂（善太郎）外相級では成果は期待できないので、池田（勇人）首相か岸信介氏がソウルへ行くべきだ」

昭和三十七年七月にも、助言した。

「閣内や自民党にいる重要人物を個別に説得したほうがいい」

昭和三十八年三月九日、代表部大使が、韓国外相に公電を送った。

「読売新聞ワタナベ記者が韓国を支援したいとしていた」

ワタナベ記者とは、のちに読売新聞グループ本社会長となる、政治部記者の渡辺恒雄と見られる。渡辺が、いかに、児玉と親しかったか、あらためて明らかになったといえよう。

日韓基本条約は、昭和四十年（一九六五年）六月二十二日、佐藤内閣のもとで締結された。

なお、児玉側近によると、昭和三十八年から韓国大統領になっていた朴正煕と児玉とのあいだで、この頃興味深い話し合いがおこなわれたという。

朴大統領が、児玉にいったという。

「竹島は、わが国と日本とのあいだで所有権をめぐって、今後かならず揉めに揉める。紛争の種をなくするためにも、いっそのこと、竹島を爆破してはどうでしょうかね」

児玉は、引き受けたという。

「よし、わたしが爆破してみせましょう」

竹島は、北緯三七度十四分、東経一三一度五二分の日本海にある島である。東島（女島）、西島（男島）と呼ばれる二つの主島と数十の岩礁からなる。総面積は約〇・二三平方キロメートルで、東京ドームの約五倍の広さである。周囲は断崖絶壁で、通常は人の住むことができる環境ではない。日本は国際法上も適法な固有の領土であるとして、島根県隠岐郡隠岐の島町に属させているが、韓国や朝鮮民主主義人民共和国は獨島と呼称し、自国の領土であると主張している。昭和二十九年（一九五四年）以降、韓国が実力行使をともなう形で実効支配している。

児玉は、竹島爆破を児玉グループに命じたが、朴大統領の考えも変化し、ついに、竹島爆破は実現しなかった。

しかし、朴大統領も児玉も、現在の竹島をめぐる日韓の対立の激化をこの時点で見越していたのである。

「中曾根さんを中心に、渡辺君、氏家君に働いてもらいます」

つづいて児玉、中曾根、渡辺とおなじメンバーのからむ「九頭竜川ダム事件」が起こる。

そしてこの事件もまた、弘文堂と深くかかわっていたのである。

福井県の九頭竜ダムをめぐるこの事件は、ときの宰相池田勇人の政治資金調達がからみ、〝政界のマッチポンプ〟田中彰治衆議院決算委員まで活躍したいわくつきの事件である。

日本産銅という鉱山会社を経営していた緒方克行は、半官半民の特殊会社電源開発（電発）のためにダムの底に会社が沈むことになるので、昭和三十九年（一九六四年）春、電発に対し、五億四千万円の補償を要求した。

ところが、電発はまったくとりあげてくれない。緒方は、大野伴睦や地元代議士に頼んだが、埒《らち》があかない。最後、児玉に会い、訴える。場所は、世田谷区等々力にある児玉邸の一室であった。三十九年十二月の暮れのことであった。緒方の著書『権力の陰謀』によると、その一週間後、児玉は、緒方の話を聞き終るといった。

「『書類その他、よく調べてみた。内容も了解できたので、何とか調停してあげましょう。すでに、この問題に携わるメンバーも決めてあります。中曾根さんを中心として、読売政治部記者の渡辺恒雄君、同じ経済部の氏家斉一郎君に働いてもらいます。ま、しばらく成り行きを見てください』」

翌日、児玉から緒方に連絡が入った。

「補償はとってやる。資金一千万円を持ってこい」

押しつまっての現金一千万円に緒方は泣いたが、とにかく二十七日に等々力の児玉邸に一千万円を届けにいった。そこには、渡辺恒雄と、いま一人、読売新聞経済部の氏家斉一郎（のち日本テレビ放送網会長）が座っていた、とは緒方の証言である。

さて、児玉に緒方の件で動くよう頼まれた渡辺は、中曾根を補佐して政治工作にあたった。氏家は、経済記者として親しい仲にある大堀弘電発副総裁との交渉にあたることになった。

この事件を、当時「正論新聞」社長の三田和夫がスクープした。三田が『小説政界陰の仕掛人』の取材のとき、筆者に語った。

「当時、緒方から聞いたところによると、児玉は現金を数えてからいったそうです。

『この中の三百万円は、この男の関係している出版社の株の代金にするからな』

この男というのは渡辺のことで、出版社というのは、弘文堂のことです」

つまり、児玉はフィクサーとして暗躍したカネを、弘文堂に流そうとしたという。

緒方は、中曾根のこの事件での役割を、『権力の陰謀』で、こう書いている。

「中曾根康弘代議士は、赤坂のリキマンション内の事務所に数度にわたって大堀副総裁を呼び、補償解決の見通しについて話し合った。児玉の前では一言も弁明しようとはしなかった副総裁だが、中曾根代議士の前では巧妙な言いまわしで牽制をはかったという。(中略)この牽制に中曾根代議士はひっかかってしまった。(中略)『中曾根はどうしても消極的でだめだ。なんとか解決にもっていかなければ、あなたがかわいそうだ』

と憤慨しながら、私を元気づけ、活動してくれたのは渡辺記者である。彼は敏腕の売れっ子政治記者で多忙な身だった。交渉の経過を聞くために私が渡辺宅へ電話を入れるのは深夜になる。それでも彼は迷惑がらずに応対し、同僚の氏家記者と連絡を取り合って話をしだいに具体的に煮つめていってくれた」

その後、児玉の工作はうまく運ぶかに見えた。ところが、児玉が頼りにしていた中曾根の親分でもあった河野一郎が急死。事態は一転する。

「土用にしてはしのぎよい日だった。私はひさしぶりに等々力の児玉邸を訪れ、風通しのよいひろびろとした二階座敷にとおされた。小一時間もたったころ、

『やあ、お待たせした』

といいながら和服姿の児玉氏が入ってきた。あとに調停工作のスタッフがつづく。正面に児玉氏、それに並んで中曾根代議士、左右に渡辺、氏家両記者という席順ですわった。

児玉氏は重い口調で切り出した。

『約半歳以上、この補償問題の解決に努力してきた。ここにおられる中曾根代議士、渡辺、氏家両君にも協力して頂いた。しかし、今日にいたってもなお、解決の日の目が出てこない。詳しい事情はあえて言いません。まことに残念な結果だが、どうか速やかに裁判をはじめて闘って欲しい』

これが児玉氏の下した最終結論だった。

『それから、あなたからお預かりした一千万円だが、ここに現金を用意しましたから、お返しする』

札束を取り出すと、私のほうへ押しやった。予感はやはり的中した。最後の頼みの綱もプッツリ切れたのだった。その札束は手の切れるような新しさで、拓殖銀行の帯封がされていることだけを、奇妙にはっきり見てとっていた。中曾根代議士は一言も発せず、腕組みしたまま天井を見上げていた。二人の記者もまた、押し黙ったままだった」

読売ＯＢの三田は、この事件に児玉だけでなく中曾根、渡辺、氏家までからんでいたことを緒方から聞き、昭和四十二年の夏、取材に動いた。

「読売本社にわざわざ出かけていって編集局長の原四郎に会っていったんだ。

『二人の記者がとんでもない事件にからんでいるぞ』あとで、さっそく渡辺から電話が入りましてね。

『中曾根は、いずれ総理になる男だ。一度、彼と会ってくれ』

中曾根や自分が傷つきたくないと思ったのでしょう。なにしろその事件は、その後次々に登場する中曾根に関わる疑惑（『殖産住宅事件』など）の、いわば原点のような事件ですからね。さっそく中曾根と会いました。そのとき、中曾根はしきりに弁解していましたよ。

『緒方という人に会った記憶はない。児玉さんに頼まれて、電発の補償のことを調べたことは記憶している。しかし、電発側の話では、緒方という人はあまりタチのよくない人ということだったので、わたしはすぐ手を引いた』それから、わたしのところの新聞を見て、『この新聞は面白い新聞ですね。わたしの選挙区の連中にも読ませたいから少し大量に購読したい』

なんて、いいましたよ。あとで、秘書がきて、五百部一年分を予約していきました。それっきりです」

この事件は、結局「正論新聞」昭和四十二年八月一日号で暴かれることになるわけだが、中曾根の名は出ても、渡辺、氏家の名は「読売新聞政治部のW記者、経済部のU記者」とイニシャルでしか出なかった。その後、この事件は闇の底に沈み、ロッキード事件で蒸し返されるまで問題にされることはなかった。

「児玉は、中曾根すらつかい道がないとまで思った」

じつは、「正論新聞」に渡辺、氏家がW、Uのイニシャルで書かれる二年前、読売新聞社内でこの事件が一度噂になったことがある。

昭和四十年四月十日、「言論時代社」という院内紙の主幹の倉地武雄が、決算委員会で、九頭竜川ダム事件追及の最中、しかも証人に切り替えられる前夜の四月十日、麹町の事務所で殺害された。

「犯人は、だれか……」

九頭竜川ダム事件の背後には、もっと大物もからんでいるのではあるまいか……読売新聞社会部の記者たちは、色めきたって取材をはじめた。ところが、である。当時読売の「七社会」（警視庁クラブ名）担当であった記者が語る。

「取材先で、逆にいわれましてね。『熱心に追うのもいいが、てめえのところのWも困った問題になるんじゃないのかね……』はじめ何のことかわからなかったが、どうやら『九頭竜川ダム事件』に、児玉といっしょにからんでいる、とわかり、デスクに報告しました。デスクも『おい、社へ出たらそのことはしゃべるなよ』と口止めしました。しかし社会部出身で当時編集局長であった原四郎の耳に、そのことが入った。原四郎の耳に入ったことをナベツネが嗅ぎつけるや、『原チンめ、社会部を使って、おれのケツを洗ってやがる……』と怒り狂ったらしい。ナベツネの社会部への憎しみは、そのときからはじまったわけです。しかし原四郎は当時の実力者。ナベツネは、わざわざ原四郎のところに出かけて行き、『下落合に親代々の土地があり、財産的には何ら疚しいところはありません』と、財産公開して懸命に火の粉を払ったそうです」

渡辺は、九頭竜川ダム事件についても、『小説政界陰の仕掛人』の取材で、筆者に答えている。

●——九頭竜川ダム事件というのは、弘文堂と少しつながりますが、あれは動かれたんですか。

九頭竜事件なんてのは、弘文堂となんの関係もないんだ。

●——ただ、もっていってもらった金を、弘文堂に入れておくということで……。

全然関係ない。みたことも、きいたこともない。どうしてああいうふうにでっちあげられたのかというと、緒方克行という人がいて、児玉のところに、おれの土地がダムのために埋没するんだといってきた。あのころは、左翼だの右翼だの、住民パワーがいろいろやって、だいたい住民はかわいそうなのに、やたらめったらに埋めちまうんだという事件が多かったんです。そういう事件なんだといって、児玉がぼくに持ち込んできた。

ぼくと氏家と中曾根のいるところかなんかで話をして、そういう事件がある、悪いのは電発だということでね。

ぼくは当時九頭竜川なんて、どこを流れてるかも知らないし、電発なんか誰も知らない。で、中曾根さんが、大堀という電発の副総裁を知ってるから、きいてみましょうと、こういった。氏家も、調べてあげようと、こうなった。おれはなにも知らねえわけだからね。

そして中曾根はまず最初に、大堀から、『緒方というのは質のわるいやつだから、あんたはこんなものに触ってはいかん』と釘を刺された。それで中曾根は、蒸発ですよ。中曾根は、あんなもので引張り出されるのは迷惑だと思うよ。

それから今度は、児玉誉士夫からぼくに電話がかかってきた。中曾根さんはだめだというけど、もうちょっと調べてくれんかというんで、氏家に調べさした。するとと、六億とか四億とかいう大金を、補償金でよこせという話だった。緒方が銅山かなんかをもってるんですよ。その銅山が埋没するというんで、そのへんの地主から運動費を掻き集めたらしい。で、運動費をみんなつかってしまって、最後に児玉誉士夫のところに辿り着いて泣きついたらしい。

ところが氏家がよく調べたら、あんなもの、千万円の価値もない。これはだめだ、断われ、こんなものは新聞記事にならないんだというわけです。要するに、新聞記事にしてくれという話なんだから、これは。埋没する哀れな住民と、巨大企業・電発の横暴という、こういうお涙頂戴の話なんだ。その間、児玉誉士夫は、緒方なんかと盛んに会ってたらしい。こっちはそんなことは知らないですよ。緒方と会ったのは、こっちは一度か二度しかねえんだから。

その間、氏家がキューバかなんかにいって、一か月くらいブランクになる。おれは全然電発も知らないし、現場もみてないし、わからないから、ほっぽりだしてた。そしたら緒方から何度か電話があったんで、いま氏家がいないからわからないといった。氏家が帰ってきて、そういう話だというから、児玉にいったんだ。

結論は、文句あるなら、緒方が自分で正しいと思うなら、緒方が電発に対して訴訟を起こしたらいいじゃないかと、児玉誉士夫にそういったんだ。あなたが口をきいて、顔で解決すべき問題じゃありません。これは、行政とか新聞とかの手の出る問題ではない。それより、訴訟を起こしなさい。裁判所で争うべき問題なんだといったら、児玉誉士夫も、そうですかと、渋々『じゃあ、わたしも手を引きますから』と、こういってた。

あとは、児玉と緒方の問題ですよ。それでロッキード事件が起きてから、九頭竜川ダム事件の黒幕で、読売の渡辺政治部長も登場する、と週刊誌に書かれた。それでぼくは弁護士を呼んで、告訴してやるという段取になったわけです。そしたら原四郎副社長が、編集の中枢にいるやつが裁判所に通ってたら、新聞が製作できない、そんなものは無視しろと、こういった。それでぼくも訴訟は取り止めた。

しかし、九頭竜の件はいったいどうなったのか、調べろといったんだ。氏家もそうとうな男で、電発にいって、あの事件はいったいどうなったといった。そしたら、民事訴訟を起こした。その判決文があるといって、持ってきた。それでぼくもはじめて全貌がわかった。児玉誉士夫が裁判の証人に出てるんです。

●――そのなかで、弘文堂に一千万かなんぼかを取り分けるというのを、あずかって、分けたことになってる。ただ、返したんですね。結果的には、弘文堂には入らなかったんです。

なんだか知らないけども、とにかくぼくの訴訟記録で知ったのは、八百万かなんかの賠償金を電発からとって、緒方が控訴しなかったということだ。それで、緒方はロッキード事件の最中に、ヒーローぶってた。九頭竜事件とロッキード事件は同じだなんていって、権力の陰謀だとかなんとか書いてね。

ところがそのころ、どっかの週刊誌から毎日のようにぼくのところに電話がかかってきたんで、判決も調べろ、訴訟記録も調べろ、そして緒方にきいてみろといったんだが、控訴しなかったんだね。六億円の値打のあるものなら、八百万円もらって断念するわけねえじゃねえか。値打がねえから控訴もしないで、八百万円もらってやめたんじゃないか。それが正義の味方みたいなことをいうのはおかしいじゃないか。要するに、これはインチキだということを見抜いて、児玉誉士夫に手を引けといったのが、いつのまにか、金をもらったとか、フィクサーをやったかのごとくおれは書かれた。こんな馬鹿げた話はない。それをみろ、といったんだ。そしたら、緒方はぱっといなくなっちゃって、もう週刊誌にヒーローぶって出なくなっちゃった。

●——その後、児玉さんとのつきあいは。

児玉とは、その後ほとんどつきあいはないんだ。児玉からは、年に一度電話があるくらいなものでね。それも、政局の変わり目と決まっていた。政局がどう動くかを敏感にキャッチすると、見込みのある流れについていていた。

●——そのあたりの身の処し方は、敏感なわけですね。

児玉は、一時、中曾根すらつかい道がない、とまで思ったことがあるんだ。角福戦争のときにも、児玉は、田中より福田（赳夫）についた。大野、河野、岸などは、右翼とのつながりは深かった。特に大野、河野の党人派は、右翼や暴力団とのつながりが深かったな。

ところが、田中や池田は、右翼嫌いだった。そのため、児玉は田中とは合わず、反田中で福田についた。福田は、おなじ選挙区の中曾根とはよくない。いっぽう中曾根は、田中についた。児玉と中曾根は、このころよくなかった。それなのに、ロッキード事件で中曾根やわたしが、児玉との仲をうんぬんされて、じつにめいわくなことだった。

●——そういう面では、渡辺さんは社内的立場においては、苦しい時期でしたか。

それは苦しいですよ。流言蜚語ばっかりで。

●——それを無視して、いいたいやつにはいわしておけというほど、のんびりではなかったですか。

のんびりじゃない。ただし、ぼくは毎号二頁『週刊読売』にコラムを書いていたんです。それで、緒方から詫び状をとった。緒方に『権力の陰謀』なる本を出版させた評論家の青地晨立ち会いのもとでね。緒方は最初、一般向けの詫び状で勘弁してくれというから、だめだ、活字にしなきゃいやだといった。どうやって活字にするというから、おれが書くといって、青地晨のところでこういうふうに書く、これでいいだろうといって、わたしの連載コラムに載せたわけですよ。活字には活字で対抗したとかいって、評価する人は評価してくれて、社内的にはそれでおさまった。

小佐野と角栄が仕組んだ田中彰治恐喝事件

のち児玉、田中角栄といっしょにロッキード事件にからんで逮捕される小佐野賢治は、表の世界では田中角栄とつながっていたが、闇の世界では、児玉誉士夫と深くつながっていた。

小佐野は、大正六年（一九一七年）二月十五日、山梨県東山梨郡勝沼町に生まれた。小学校卒業後、東京の自動車部品会社に就職。日中戦争では、一兵卒で中国を転戦。昭和十六年二十四歳で初めて自分の会社を設立。箱根や山中湖などのホテル、バス、タクシー業を次々に買収して地歩を固め、昭和二十二年国際興業会長に就任。以来、田中角栄と二人三脚でのし上がってきた。

昭和四十一年（一九六六年）八月五日、田中彰治が、自民党幹事長田中角栄にまつわる恐喝と詐欺の疑いで逮捕されるという衝撃的な事件が起きた。これは、小佐野と田中角栄が組んだ大博打であった。

田中彰治は、三度、衆議院決算委員長をつとめ、一貫して決算委員会をバックに汚職を追及。国有財産の不当処分問題をはじめ、二十九年の造船疑獄、グラマン、ロッキード機種選定などをめぐって、野党も舌を巻く政府追及をおこなった。が、裏面でそれを利用、もみ消しに回ってカネを取るため、「マッチ・ポンプ」の異名をとっていた。

田中彰治は、資金繰りに窮し、角栄と小佐野賢治のからんだ虎ノ門公園跡地払い下げに目をつけた。

小佐野は、昭和三十八年十月、池田内閣の蔵相であった角栄の力により、大蔵省所管の国有地「虎ノ門公園跡地」千百八坪の払い下げを、わずか十一億二千四百九十八万四千八百円で受けた。この土地は、五ヵ年間の転売禁止条項がついていた。が、小佐野は、昭和三十九年五月、転売禁止条項がありながら、当の土地所有会社の所有権移転等により、二十七億円の利益を得た。その事実上の〝転売〟のために、九億三千万円のコストをかけていたから、儲けは、差し引き十七億七千万円であった。

このように、角栄と小佐野は、切っても切れぬ関係であった。

角栄は、その問題を経済誌「経済春秋」に暴かれたが、腹心の二階堂進を使って、それ以上大きな火の手があがらないようにしていた。が、もっともうるさい田中彰治に嚙みつかれたのであった。

田中彰治は、四十年に、この問題を国会に持ち出し、鋭く追及した。

「これは、明らかに転売だ。五年間譲渡禁止の条件があったのに、田中大蔵大臣が、便宜をはかったのだ」

これを材料に田中彰治は、角栄に手形割り引きを斡旋させ、小佐野へのルートを得た。

小佐野から、カネをふんだくろうというのだ。

角栄は、小佐野に電話を入れた。

「彰治はうるさいやつだから、適当にやってくれ」

小佐野も、角栄のたっての頼みと思い、求めに応じたのであった。

しかし、田中彰治は、それ以後も何度も小佐野に手形の割り引きを迫った。

さすがに小佐野が断ると、

「田中角栄の鳥屋野潟などの疑惑も追及する！」

と脅しをかけた。

鳥屋野潟疑惑とは、新潟市にあるこの淡水湖の埋め立て予定の情報をあらかじめ掴んで、水面を買い占めておき、転売で大儲けしたというものである。

池田の後をうけた佐藤栄作も、佐藤内閣の屋台骨をゆすられても困る、という判断で、角栄をかばい、田中彰治を逮捕させた。

「児玉という男は、恐い男だよ」

逮捕理由は、田中彰治の息子の彰が、父親の代理で小佐野を強請った件であった。その証拠書類として、児玉誉士夫が提出したメモがあった。児玉は、昭和三十三年から三十四年に起こった第一次F－X争奪戦では、河野一郎のほかに田中彰治ともタッグを組み、疑惑を追及している。それでいて、今回は田中彰治を追い込もうとしている。

〝森脇メモ〟の森脇将光が、筆者に証言した。

「虎ノ門事件で田中彰治は逮捕されたが、あれは、はめられたんだなあ。田中彰治の息子が小佐野を脅したというが、田中彰治から聞いてみると、田中彰治は小佐野からカネを借り、手形を切っていた。その手形が落ちそうにないので、書き換えを頼んだ。しかも、事前に田中角栄を通じて書き換えてくれるよう、小佐野に頼んであった。それで田中彰治の息子が手形を持って、国際興業に行き、書き換えをしてくれと迫った。

ところが、小佐野はあらかじめ児玉を応接間に待機させていた。児玉は、田中彰治の息子と小佐野のやりとりをメモしておき、それを脅しの証拠として提出したんだ。『その恐喝の日に、私はその隣りの部屋に居合わせて、田中らの恐喝ぶり、その言辞を一部始終聞いていた』といった要旨でね。

しかしねえ、となりの部屋で聞いていたといったって、壁を隔ててそんなに聞こえるわけはないと思う。もともと、国際興業の小佐野の部屋も、児玉がいたという部屋も広くて大きいし、ドアも閉じられていて、経験則上、かりに児玉がいたとしても聞こえるはずのものではない。二人の計画に、まんまと引っかかったんだねえ。児玉という男は、恐い男だよ」

田中彰治は、入院していた文京区の順天堂大学病院から、着物姿のまま連行された。

田中彰治は、連行されながら、懸命に叫び訴えた。

「すべては、田中角栄、小佐野賢治、それに小佐野の弁護士正木亮と、東京地検特捜部長河井信太郎の仕組んだ陰謀だ！」

田中彰治は、のちに懲役四年の一審判決を受けた。

角栄擁立でスクラムを組む

小佐野賢治と田中角栄。この二人にとって、一世一代の大勝負の日が近づいた。昭和四十七年（一九七二年）七月の自民党総裁選である。田中角栄と福田赳夫の一騎討ちであった。

福田のバックには、現職の総理大臣佐藤栄作がついていた。おなじ佐藤派同士の決戦であった。角栄は国会議員三十八人をがっちりと押さえ、福田は二十二人を佐藤派のなかで押さえていた。が、福田は正式な派閥「紀尾井会」をもち、その数は三十六人であった。合わせると、五十八票である。

福田は、椎名悦三郎、水田三喜男、船田中の中間各派も、自軍についたと信じていた。が、それは甘かった。角栄陣営が、つぶさに押さえ侵食していることを知らなかった。

もっとも重要なのは、中曾根派の四十票であった。中曾根派の争奪戦になった。佐藤総理は、じきじきに中曾根に会い、「ひとつ、福田君を助けてくれないか」と支援要請をつづけていた。

一方、小佐野も全力で角栄を総理総裁の座につけようと動いていた。問題は、中曾根をいかに取り込むかであった。そして、カネ、である。カネはいくらでも出せた。角栄の総裁選のために小佐野が使ったカネは、三十億、いやその二倍の六十億ともいわれた。

中曾根攻略のために、小佐野はもってこいの人物に接触した。児玉誉士夫である。児玉は、河野一郎と親しかった。そのつながりで、かつての河野派の中曾根とも親密な関係であった。中曾根は一時期、河野のすすめで、児玉の秘書太刀川恒夫を秘書としてあずかったこともある。

小佐野は、児玉を通じ、中曾根を田中陣営に抱き込むことに成功したといわれている。

カネをたとえ六十億円使おうとも、角栄が一国の総理総裁ともなれば、安い買い物であった。大きな利権がころがりこんでくる。

東北、上越新幹線の利権が、小佐野の脳裏にちらついていたと見てまちがいあるまい。

そのために、昭和四十年を過ぎた頃から、角栄と綿密な情報交換をし、花巻温泉をはじめとする東北の施設や土地をたてつづけに買収していた。

これからも、大いにそれはつづける。前もってルートを知り、いや、というより自分がルート決めに加わり、その周辺の土地を国際興業のダミーを使って買い占める。ルートが発表された後、高値で売る。ボロ儲けだ。

永田町では、総裁選間近となり、中曾根派の噂が飛びかっていた。

「田中角栄が、中曾根派の一人ひとりに、一千万円のカネを配った。それに派閥の運営資金として一億円。さらにふたたび一、二億のカネを配り、最終的に六、七億円も渡した」

小佐野は、自分が天下の総理大臣をつくり出していることに、大きなよろこびをおぼえていた。

七月五日午前十時四分 - 日比谷公会堂で、佐藤栄作が総理の引退声明を発表した後、後継者を選ぶ第二十七回自民党臨時党大会がひらかれた。

国際興業六階の会長室のテレビの前に、小佐野は釘づけだった。田中角栄が選ばれることはまちがいない。が、それでも気が気でなかった。

そして、角栄に総裁の栄冠が輝いたとき、いっせいに国際興業の電話が鳴り響いた。

会長室の電話も鳴った。

「おめでとうございます。おめでとう」

まるで、小佐野が総裁に選ばれたかのような祝福の仕方である。

小佐野は、よろこびでいっぱいだった。

「ありがとう、ありがとう！」

片っ端から電話に出ると、小佐野はよろこびをあらわにした。

しばらくして落ち着くと、周囲の者たちにうそぶいた。

「おれが三十億だとか六十億だとか使ったといわれてるが、そんなもんで天下を取れるんだから、安いもんだ。戦国時代は、相手の命を取らなきゃならなかったんだからな」

いずれにせよ、田中角栄は五十四歳で、史上最年少の総理大臣となった。小佐野は、その直後、側近に複雑な表情で、漏らした。

「七票、票がちがっている。おれのところにカネを取りにきた議員のなかに、福田派のカネと二重取りしたやつが、七人もいる。政治家ほど信じられないやつはいない……」

この総裁選を演出した小佐野と児玉、そして主演の田中角栄の三人には、別の人事もあやつったという話がある。それは、三和銀行の人事で、副頭取の村野辰雄を全面バックアップしたというのである。ある経済評論家が、次のように言う。

「昭和四十六年、田中が通産大臣のとき、村野は三和銀行の頭取になった。これはどうも、小佐野、児玉、田中の三人が背後で画策したからなんです」

これは、会長であった渡辺忠雄としては認めざるをえなかった。

「ところが、渡辺はアメリカに行き、いちはやくロッキード事件が起こることを察知するや、さっそく帰国し、もう恐れるに足らずと村野の首を切った」

三人のスクラムは、それほど堅固なものだということをあらわす話だ。

「田中は、野たれ死にしますよ」

ところで、小佐野と児玉が知り合ったのは、いつか。諸説ある。

小佐野は、東京地裁の田中彰治事件の公判廷で証言している。

「児玉先生とわたしは、昭和三十九年頃ですが、「京成の株をめぐりまして、お知り合いになって以来、ご昵懇にしていただいているんです」

が、児玉の側近であった人物によれば、小佐野と児玉が知り合ったのは、昭和三十九年の「京成電鉄株買い占め事件」より、はるか前のことである。

昭和三十年代の初め、児玉機関の副機関長であった吉田彦太郎が、神奈川県茅ヶ崎のほうへ抜けていく遊行寺近くを車で走っていた。吉田の車が、タクシーとぶつかった。小佐野の経営する国際興業のタクシーであった。放っておくと、もめるもとになる。

吉田は、翌日、国際興業に出向いていった。応対に出たのが、顧問弁護士の正木亮であった。

正木と吉田は、いわゆる〝大人の話〟としておさめた。そして、この件がもとで、正木が、小佐野と児玉を引き合わせたのであった。

だが、田中角栄は、児玉誉士夫が嫌いであった。田中は、右翼とか、その手の特別の雰囲気をもった者が、ことごとく嫌いであった。とはいえ、政治家をやっていると、そういう人たちともつき合わなくてはならなくなってくる。そこで、小佐野が登場してくる。

右翼がかった連中は、いろいろなところから、いろいろなことをいってくる。しかし、田中はそういった連中を、絶対そばに寄せつけなかった。田中の代わりにそういう連中を引き受けるのが、小佐野であった。

人間は、だれでも、何の仕事をしている者でも、成功している人にはそれなりの何かがある。小佐野は、田中の秘書の朝賀昭に言っていた。

「児玉誉士夫って人は、すごい人だよ。世間ではあの人のことをいろいろ言うけど、とにかくすごい人だよ」

一方、渡辺恒雄は、中曾根が、田中角栄の次の総理をねらう位置につけた昭和四十九年（一九七四年）八月三日号の『週刊読売』誌上の「水爆インタビュー」で、児玉誉士夫にインタビューをしている。『文藝春秋』に、田中を失脚に追い込む立花隆の「田中金脈研究――その金脈と人脈」が発表される直前であった。そのなかで、児玉は、なかなか予言的なことを言っている。

「あと二年、あの人（田中）がやろうとしても、やれません、野たれ死にしますよ」

いまから考えると、児玉は田中とロッキード事件で深くからんでいた。自分でからみながら、あまりに田中が露骨なので、この男は、あまり長くはもつまい……と判断していたのか。

その後、渡辺は、「では、このあと自民党ではだれが（総理に）いいのか」と児玉に誘い水をかけている。

児玉は、まるで自分に総理を決める決定権でもあるかのように答えている。

「これは簡単にいえる。中曾根さんクラスでいいじゃあないか。あのクラスでは中曾根さんがいいだろう。中曾根さんも、わたしは二、三年前にあの人はスタンドプレーが多いので、これはダメだと、それで腹を立てておったことがあるが、その後あの人のやり方をみておりますと、実に人間が出来て来た。今度のような場合（田中政権末期の後継争いである三角大福戦争）にも、うろうろしませんよ」

渡辺は、ねらいどおりのインタビュー記事ができ、大いに満足だったのではないか。児玉のパブリシティにもなり、かつポスト田中は、中曾根がふさわしい、というアドバルーンを児玉をして上げさせたわけである。

まさか、二年のちに児玉がロッキード事件で逮捕されるなど、夢にも思っていなかったろう。渡辺とすれば、中曾根を総理大臣にし、一方、裏の世界では児玉とも知り合いである。光の世界と闇の世界、いいかえれば、表の世界と裏の世界の両方の首領とつながる、知的フィクサーをめざしていたのではあるまいか。

笹川良一は、つねつね息子の笹川堯（のち衆議院議員）に言っていた。

「田中も、小佐野も、児玉も、いずれカネでつまずくぞ」

笹川良一の予言は、ロッキード事件でピタリとあたる。

第5章

ロッキード事件　陰の主役

黒幕として戦後の昭和に君臨していた児玉誉士夫だったが、昭和五十一年二月にアメリカの航空機製造大手のロッキード社による旅客機の受注をめぐる世界的な大規模汚職事件が発覚し、ロッキード社の秘密代理人として活動していたことが明らかになると、その人生はさらに変転する。

児玉はロッキード事件で、田中角栄元総理や、小佐野賢治国際興業社主とともに、被告となり法廷に立つことになる。

ロッキード事件は、元総理大臣である田中角栄の総理大臣在職中の事件ということもあって、マスコミの注目をおおいに集め、連日報道された。児玉についても様々な疑惑が明るみになっていく。

昭和五十六年三月のロッキード事件の論告求刑のなかでは、ロッキード社からの収入が四年間で約九億三五三〇万円にものぼったことが暴かれている。

さらに、ジャパンラインをめぐる仕手戦や、精糖メーカーの台糖と横井英樹との争いなどにも関わっていたことが暴露されていく。

マスコミの報道が過熱するなか、児玉に対して、これまで敵対してきた左翼団体や組合関係者のみならず、自身が強い影響力を誇った右翼団体の一部からも〝国賊〟として糾弾する動きが見られるようになる。

さらには、義憤に駆られたポルノ俳優の前野光保が児玉邸にセスナで突撃するという前代未聞の事件まで起きている。

ロッキード事件が起こると、児玉邸にはほとんど見舞いが訪れなくなり、児玉は一転して寂しい晩年を過ごすことになる。その胸中に去来したものは果たして何だったのか…。

ロッキード社の秘密代理人

昭和四十年代（一九六五年～）に入り、航空旅客需要は、世界的に急増傾向をしめしてきた。ロッキード事件の「児玉ルート公判検察側冒頭陳述書」によると、これに対処するため、ボーイング・エアクラフト・コーポレーションは、いち早い昭和四十年九月、座席数四百五十前後のジャンボ級のB－747型ジェット旅客機の開発に着手した。ロッキード社も、負けじと、昭和四十二年一月、座席数三百五十前後のエアバス級L－1011型機の開発に着手した。これと相前後して、マクダネル・ダグラス・コーポレーションも、エアバス級のDC－10－10型ジェット旅客機の開発に着手した。

ロッキード社は、L－1011型機が初めて手がけるジェット機であった。そのせいで開発にかなりの後れをとっていた。そのうえ、ロッキード社は、財政的な苦境にもおちいっていた。昭和四十四年（一九六九年）四月、巨額の開発費をつぎ込んで米陸軍のため開発した武装ヘリコプターに欠陥があるとして、契約を破棄されていたのだ。

ボーイング社、ロッキード社、マクダネル社の三社は、世界の航空会社に対し大型ジェット旅客機の猛烈な売り込み競争を開始した。

ロッキード社は、アメリカ国内の売り込みではＤＣ-10-10型機と互角の成果をあげた。

が、昭和四十四年六月の欧州での売り込み競争には、マクダネル社のＤＣ-10-10型機やボーイング社のＢ-７４７型機に、つぎつぎと敗れた。ロッキード社としては、財政を立て直す手がかりを掴むため、世界有数の市場である日本の航空会社に、他の二社を退けて、なんとしてでもＬ-１０１１型機を売り込むことが至上命令であった。日本市場は、エアバス級に換算して二十機以上、金額に換算して約四億ドルを上回る需要が見込まれていた。

ロッキード社は、すでに昭和四十三年（一九六八年）十月一日付で、商社丸紅とのあいだに、Ｌ-１０１１型機販売に関する代理店契約を締結していた。

ロッキード社は、日本の航空会社にL－1011型航空機の売り込みを成功させるには、販売代理店である丸紅とは別に、すでに秘密コンサルタントとして実績があり、かつ、政財界に力をもつ児玉誉士夫の援助がぜひとも必要であると考えていた。

昭和四十四年になって、ロッキード社東京駐在事務所代表のクラッターが、児玉に、L－1011型航空機の売り込みについてぜひ力を貸してほしい、と要請した。これに対し、児玉は、コンサルタント報酬を増額するよう要求した。

そこで昭和四十二年（一九六七年）からロッキード社の社長に就任していたコーチャンは、ロッキード社販売担当副社長ロバート・ミッチェルと相談のうえ、言った。

「わたしが、児玉さんと直接会って、報酬を増額するに値する人物かどうか確める」

コーチャンは、昭和四十四年四月中旬に来日した。クラッターとジャパン・パブリック・リレーションズ代表取締役で通訳の福田太郎をともなって、世田谷区等々力の児玉宅を訪ね、児玉と会った。

その結果、報酬の増額を承認し、コンサルタント契約が成立した。しかし、児玉は、依然、契約書は一切作成しなかった。児玉はロッキード社からコンサルタント報酬として年間五千万円の支払いを受けることとなった。

「全日空に売り込むように」

コーチャンは、児玉と初めて会ったとき、児玉が日本航空社長の松尾静磨と旧知の間柄であることを知った。

コーチャンは、児玉に頼んだ。

「日航に航空機の採用を働きかけてほしい。日航関係者の航空機に対する評価・関心度、その購入の可能性などについて、調査をしてほしい」

児玉は、さっそく日航を訪れ、松尾社長と会った。日航側のL－1011型機に関する評価・購入の見通しなどを、打診した。

松尾社長は、はっきりと口にした。

「日航は、ダグラス・ファミリーである。そのうえ、L－1011型機が使用しているロールス・ロイス社製エンジンを、好まない」

児玉は、そのことをそのままコーチャンに伝えた。

なお、日航は、昭和四十七年度にエアバス三機を国内線に導入する計画のもとに、昭和四十二年頃から提示されていたDC－10－10型機のオファーの期限の関係で、各部局に指示して機種選定の調査をおこなわせていた。昭和四十四年四月下旬に、四十七年度のエアバスの導入はしないことを決定した。さらに昭和四十四年七月二十五日、四十八年度のエアバスについてもその採否の決定を留保した。

コーチャンらは、児玉の情報を参考にして、日航はL－1011型航空機以外の大型機を採用するにちがいないと推測した。

一方、全日空は、ロールス・ロイス社製エンジンをつけたYS－11型旅客機を現に運航している。L－1011型機が使用しているロールス・ロイス社製エンジンに、慣れている。抵抗はない。国内幹線を主軸とする旅客需要からみて、エアバス級のジェット旅客機を購入する可能性が強いと判断した。

昭和四十五年（一九七〇年）頃から、全日空に対する売り込みに全力を投ずることにした。が、最も強力な競争相手は、DC－10－10型機であった。

全日空の大庭哲夫社長は、昭和四十四年七月、三井物産に対し、要請していた。

「DC－10－10型機三機を、全日空のために確保してもらいたい」

三井物産は、その頃、マクダネル社にDC－10－10型機購入に関するレター・オブ・インテント（発注内示書）を提出した。

さらに、昭和四十五年二月二日、DC10-10型航空機四機を確定発注し、六機をオプション（仮発注）する購入計画を締結した。マクダネル社は、その頃から三井物産との契約に基づき、DC10-10型機の製造を開始した。

一方、全日空は、昭和四十五年一月に、大型ジェット機を昭和四十七年四月に導入することを目処として機種選定をおこなうため、新機種選定準備委員会を発足させた。

昭和四十五年二月には、機種選定調査団をアメリカに派遣するなどして選定作業を進めた。候補機種は、B-747型の短距離型機であるB-747SR型機、DC-10型機、L-1011型機の三機種であった。

大庭社長は、いずれ選定委員会から機種選定を社長に一任する合意を取りつけた。そのうえ、その年九月にマクダネル社と正式な契約をする肚づもりでいた。が、その年六月一日、融資問題から社長を辞任せざるをえなくなった。

コーチャンは、昭和四十四年末、アメリカ・ロサンゼルス郊外のサンフェルナンドバレーにある会社が、全日空向けのDC-10-10型機の炊事室装置を製造しているとの情報を入手した。全日空がDC-10-10型機を購入するのではないか、と危惧し、児玉に事実の調査を依頼した。

児玉はさっそく調査し、コーチャンに伝えた。

「大庭社長は、取締役会に相談することなくマクダネル社、三井物産宛にDC-10-10型機を数機発注していた。やはり、取締役会の承認を得ることなく、融資の取り決めにサインしていた。それが報道され明るみに出た。社長は、ほどなく退陣した」

昭和四十六年（一九七一年）頃から、騒音問題は大阪空港周辺で環境公害問題の一環として重視されはじめた。児玉は、福田太郎から航空情報を入手して検討し、昭和四十七年（一九七二年）になってコーチャンに進言した。

「わが国における空港騒音問題の深刻さから、L-1011型機のセールスポイントとして、騒音が低い点を大々的に宣伝して全日空に売り込むように」

ロッキード社は、アメリカ航空局の測定値で離陸時の騒音が他機種より若干低いことなどをセールスポイントとして、全日空に売り込みをはかった。

昭和四十七年六月、全日空の大庭社長の次の社長となった若狭得治は、語った。

「環境問題を満足させないような航空機を買うことはできない」

ロッキード社は、昭和四十七年七月二十三日から二十五日までのあいだに、東京と大阪でL－1011型航空機のデモフライトをおこなった。L－1011型機を「ささやくジェット機」のキャッチフレーズのもとに、他機種より騒音が低い点を宣伝した。

コーチャンは、航空公害防止協会会長である笹川良一が環境問題について大きな影響力をもっていることを知った。笹川に対し日本の航空会社がL－1011型機を使用する利点を話して、協力を得ようと考えた。

昭和四十七年六月、児玉に依頼した。

「笹川さんを紹介してもらえないでしょうか」

児玉は、笹川をコーチャンに紹介した。

コーチャンは、笹川にL－1011型機航空機の利点を説明し、販売に協力するよう依頼した。

「あの男には気をつけろよ、足を引っ張るかもわからん」

笹川良一は、児玉とロッキード社との関係について『人類みな兄弟』の著書で語っている。

「私が気になったのは、福田太郎という男の存在だった。

はじめて私の部屋に児玉君が福田君を連れてきたとき、三人で話していて、いつもの癖で私が福田君の目の玉をじっと見据えると、彼はあわてて視線をそらす。また、福田君は物をいうときに、私のほうを見ないのである。これまでの経験から、目の玉を見ないで話す人間には、どこか偽りや他人に隠している部分があると私は信じている。そこで、児玉君に『あの男には気をつけろよ。君の足を引っ張るようなことを仕出かすかも分からん』と注意しておいた。

太っ肚なところがある児玉君は、たぶんそのままにしておいたのだろう。福田君は勝手に暗躍してロッキード社から、多額の裏ガネを引き出したことが、彼のサインのある領収書が物語っている。その大部分は児玉君の手に渡っていない。曲者を信用したばかりに、児玉君はもらってもいないカネを懐に入れたようにいわれ、晩節を汚したのである」

笹川良一は、児玉のようにロッキード事件には、一切からむことはなかった。

「小佐野の援助を受けるには、五億円が必要だ」

L－1011型機の強力な競争相手であるDC－10－10型機が、昭和四十七年五月から七月にかけて、三回にわたり連続してエンジン事故を起こした。

児玉は、クラッターに助言した。

「DC－10－10型機のエンジン事故の写真を、可能な限り収集してください。DC－10－10型機が、将来も同種の事故を起こしかねない点を強調して、全日空にL－1011型機を売り込むように」

児玉は、昭和五十年夏、福田太郎を通じ、クラッターに、P－3C対潜哨戒機の売り込みの見通しについて説明し、助言した。

「P－3C対潜哨戒機の輸入に反対し、P－3C対潜哨戒機を買わなくても、積載するコンピュータ装置のみを機体と分離して輸入すれば足りる、とする動きを封じ込めなくてはいけない。そのためにも、ロッキード社から、輸出などに発言権を有する米国防総省に働きかけるんだ。機体とコンピュータ装置の分離輸出は認めない、との決定をしてもらうようにしたほうがよい」

コーチャンは、昭和四十七年七月中旬、国際興業の社主である小佐野賢治が田中角栄総理と「刎頸の友」といわれるまでの仲であることを知った。また、小佐野が、全日空など航空会社の大株主でもあって、航空会社に対し強い影響力をもつ人物であることを知った。

全日空に対するL－1011型機の売り込みを成功させるためには、小佐野の援助を得る必要があると考えた。そこで、コーチャンは児玉に頼んだ。

「小佐野さんと接触する機会が、ほしい」

コーチャンは福田太郎を通じて小佐野との面会の約束を取りつけた。デモフライトの関係で来日していた昭和四十七年七月二十九日、福田太郎とクラッターとともに東京・中央区八重洲二丁目にある国際興業本社を訪れた。

コーチャンは、応接室で、小佐野と初対面の挨拶を交わした。コーチャンは、小佐野に懇請した。

「ロッキード社が全日空にトライスターの売り込みをしているが、ボーイング社やマクダネル社との競争が激しい。なんとしても売り込みを成功させるために、全日空の大株主であるあなたの援助をお願いしたい」

小佐野は「機会があれば話してあげる」と答え、好意的な態度を示した。

コーチャンは、小佐野と面識を得た直後、福田太郎に指示した。

「小佐野さんをロッキード社陣営に取り込む対策を、児玉さんと協議するように」

コーチャンは、全日空に対する最後の売り込み活動の指揮をとるため、昭和四十七年八月二十日来日した。八月二十二日、福田、クラッターとともに児玉に会った。児玉に要請した。

「L‐1011型機を全日空に売り込むために、小佐野さんの援助を得て、いっしょに働いてもらいたい」

児玉は、コーチャンにいった。

「小佐野の援助を受けるには、五億円が必要だ」

コーチャンは、五億円を追加報酬に上乗せすることを約束した。

児玉は、小佐野に会い、頼んだ。

「L‐1011型機を全日空に売り込むために、ロッキード社を援助してもらいたい」

小佐野の了承を得た。

コーチャンは、昭和四十七年九月十六日、福田太郎とともに国際興業を訪れ、応接室で児玉も同席して、小佐野と話し合った。

コーチャンは、小佐野に懇請した。

「全日空に対するL‐1011型機の売り込みについて、尽力していただきたい」

さらに頼んだ。

「九月一日ハワイでおこなわれた田中・ニクソン会談で、エアバス導入の話が出たかどうか。また、ニクソン（米大統領）が田中（角栄）総理に日本でトライスターを買ってくれればありがたいとの話が出たかどうか。政府筋の人に、聞いてほしい」

小佐野は、トライスターを支持する意向をしめした。

席上、児玉は小佐野と、L－1011型航空機を全日空に売却するために、どのようにして話を進めるかについて話し合った。

小佐野は、九月中旬、田中総理から伝えられた。

「じつは、この前ニクソンとの会談で、ハワイへ行ったとき、ニクソンから日本が導入する飛行機はロッキード社のトライスターにしてもらうとありがたいと言われた。全日空の方針は、どうかな」

小佐野はさっそく、国際興業本社応接室で、全日空副社長渡辺尚次に会い、田中総理の意向を伝えた。さらに、全日空がL－1011型機を選定するように働きかけた。

また、その後、全日空の若狭社長に会って機種選定の状況を聞いた。

ロ社トライスター機に決定

昭和四十七年十月五日早朝、コーチャンは、滞在中のホテルオークラで、福田太郎から電話で思わぬ報らせを受けた。

「日本政府の決定は、DC‐10‐10型機を全日空に、B‐747SR型機を日航に、L‐1011を日航にという方向に向かいつつある。が、日航は、現在L‐1011型機を必要としないので、のちに注文することになる」

コーチャンは、日航がロールス・ロイスのエンジンを好まないところから、将来日航がL‐1011型機の発注をしない事態が生ずるおそれがあると考え、驚愕した。

「これは、なんらかの陰謀ではないか……」

小佐野、児玉に会って調査を依頼し、政府の決定をくつがえしてもらうことにした。

コーチャンは、その日午前十時過ぎ、国際興業本社応接室で福田太郎とともに小佐野に会った。耳に入った情報を伝え、いった。

「ロッキード社としては、そのような決定は受け入れがたい」

が、小佐野の考え方がコーチャンにとって満足できるものでなかったため、その日午後八時頃、東京・中央区銀座四丁目の塚本素山ビル三〇六号室にある児玉事務所で福田とともに児玉と会った。

やはり日本政府の情報を伝え、政府の決定をくつがえすよう助力を要請した。

児玉は、これを承諾した。

コーチャンは、翌日昼、児玉から福田を通じて、「状況が元に戻った」と連絡を受けた。

児玉はコンサルタント報酬を受け取りつづけていたが、日本円の現金で受領することを強く要望していた。クラッターは、必要に応じロッキード社に日本円の送金を依頼した。

ロッキード社は、関連会社であるロッキード・エアクラフト・インターナショナルA・Gとロッキード・エアクラフト・インターナショナル・リミテッド社などに日本円の調達と日本への送金を指示した。

指示どおり、ロサンゼルス・ディーク社にドル資金を払い込み、その社に日本円を調達させ、これを日本に居住するクラッターに送るよう依頼した。

クラッターは、東京で運び人から日本円を受け取り、これを一時ロッキード社東京事務所に保管し、そのなかから児玉に支払った。

児玉はそれらのコンサルタント料を、東京・世田谷区等々力の自宅で受け取った。

ただし、児玉は、依然、ロッキード社との関係が公になることを極度に警戒していた。

そのため、クラッターは、カネを渡すことについて細心の注意を払った。あらかじめ福田太郎を介して児玉と支払いの日時、金額などを決めた。みずから現金を大型封筒、鞄または段ボール箱に入れ、人目を避けるため丸紅から供与されていた輸入大型車を使用せず、福田の運転する国産車で児玉宅を訪問した。しかも、家人などを避けて秘密裡にカネを手渡した。

全日空の若狭社長は、昭和四十七年十月二十八日、役員会を招集し、新大型ジェット機はL－1011型機を選定すると報告した。

翌二十九日、経営管理室長藤原亨一は、丸紅常務取締役大久保利春を介し、この選定の状況をコーチャンに伝えた。

全日空は、昭和四十七年十月三十日、L－1011型航空機を採用する、と公表した。

十一月二日、ロッキード社に対しL－1011型機六機を確定注文し、十五機をオプションするとのレター・オブ・インテントを発した。

翌四十八年一月十二日、そのレター・オブ・インテントに基づく購入契約を締結した。

暗躍と豪腕で転がり込むカネ

昭和五十六年（一九八一年）三月十二日のロッキード事件の論告求刑のなかで、検察側は、捜査対象となった昭和四十七年から五十年までの四年内の、ロッキード社からの児玉の収入以外の闇の収入をも白日の下に晒している。

その内訳は、昭和四十七年分が、約一億二千七百万円、四十八年分が約二億四千七百四十万円、四十九年分が約五億三千四十万円、五十年分が約三千五十万円の合計約九億三千五百三十万円にものぼっている。

児玉は、これまで触れてきた経済事件以外にもからんでいるにちがいない、とささやかれてきた。

昭和二十五年の北海道炭礦汽船のトップ内紛の調停、二十八年の「三井不動産事件」「鐘紡内紛事件」、三十年の山崎種二対吉川清の壮絶な仕手戦、いわゆる「赤いダイヤ事件」「白木屋乗っ取り事件」、三十一年の「新立川航空機株買い占め事件」、三十二年の「千葉銀行不正融資事件」、三十八年の「八王子長房土地事件」、四十三年の「日本通運不正事件」「第二次F－X選定事件」、四十四年の古田重二良会頭と反古田派の対立による「日本大学怪文書事件」、四十五年の「六華産業事件」、社長、副社長の対立による「神戸製鋼内紛事件」、四十八年の「新日鉄内紛事件」……と、数え上げればきりがない。が、いったいいくらカネを得ていたのかは謎であった。ロッキード事件でその一端が明るみに出たのだ。

東海興業からは、毎年継続的に盆暮れに各一千万円ずつ現金で受け取っている。中元または歳暮の名目で、支払いを受けていた。

東海興業は、東京都千代田区丸の内三丁目に本店を置き、建築土木工事の請負を業とする東証一部上場の会社である。その代表取締役社長中西小一は、従来から政界筋と幅広く親交をもっていた。児玉とは、昭和三十三年、河野一郎を介して知り合った。その頃、国やソ連に人脈をもつ高碕達之助が、北洋漁業交渉でソ連・中国寄りの外交を推進したとして、右翼団体が反発し、非難攻撃した。その際、児玉がその矛先をそらすのに力を尽くして高碕を援助した。中西は、児玉の働きに感服して、児玉との交際を深めるようになったという。

昭和三十七年（一九六二年）からは、児玉を会社の顧問とし、毎月十万円の顧問料を払っていた。児玉は、この顧問料のみを申告していた。

昭和四十七年は、中西小一を受け継いで二代目社長に就任していた中西宏が、直接児玉邸を訪ねて、児玉に二千万円手渡している。

児玉は、昭和四十八年にも、東海興業から前年分とおなじ二千万円を受け取っている。

さらに、東海興業が、当時児玉が社主をしていた東京スポーツ新聞社から千歳国際、ゴルフコースの造成工事を請け負った謝礼として、十二月四日に三千万円、十二月十三日に三千万円の支払いを現金で受けたという。

児玉は東海興業から昭和四十九年にも、二千万円、昭和五十年にも、二千万円受け取っている。

児玉と東海興業のつながりは、その後もつづいていたようである。

筆者は、『週刊文春』の記者時代、『週刊文春』昭和五十五年（一九八〇年）十二月十一日号の「人妻になった元〝秘書〟との『関係復活』を夫に訴えられた一流建設会社社長」というタイトルの無署名記事を書いた。

じつは、この社長というのは、東海興業の中西宏のことである。

その記事のリードにも書いたが、「敢えて社名、社長名を伏せたのは株主総会を前に反社長派勢力、総会屋などにこの記事が利用されるのを避けたいがためである！」

記事では、告訴されている元秘書を「寝取った『あの男』とは、冷蔵倉庫建設のパイオニアとして知られる、東証一部上場の総合建設大手B株式会社（資本金約三十三億円、従業員二千二十三人）の中田博社長（仮名＝53）。Bという会社、かつてロッキードのとき、児玉誉士夫に献金していたことで、その名がクローズアップされたこともある〝有名企業〟」と、あくまで仮名としている。社長の顔写真も、あえて眼の部分は黒テープを貼って隠した。

ところが、この記事の出た半年後に書かれた『月刊現代』昭和五十六年（一九八一年）八月号の恩田貢の「最後の黒幕・児玉誉士夫」によって知ったのだが、この後、このスキャンダル潰しのため、児玉の関係者が暗躍したという。

『週刊文春』に、筆者の書いた記事が出てまもなく「東海興業を糾す会」発信による数十ページにおよぶ内部告発書が、一部マスコミ編集長あてに送付された。

中西の横領などの疑惑、女性関係スキャンダル、公私混同などが書かれていた。それも、東海興業の重役でなければ知りえないような詳細な数字までが記述されていたという。

ある大手出版社が、この内部告発書をもとに取材を開始した。ところが、まもなく、強い圧力がかかってきた。児玉の関係者からだという。結局、この取材は中止となった。東海興業と児玉の関係は、このように尋常ではなかった。

ジャパンラインをめぐる仕手戦

児玉が、ジャパンラインからも収入を得ていたことも明るみに出た。

ジャパンラインは、海運不況の建て直しをはかるため、海運業を中核六グループに集約する、政府の海運業の集約政策に呼応して、昭和三十九年（一九六四年）四月一日、日東商船と大同海運とが合併して創立された会社である。

ジャパンラインは、昭和四十六年（一九七一年）秋頃から、集約政策に与しない海運業界の一匹狼といわれる衆議院議員河本敏夫を社主とする三光汽船に株式の買い占めを受けた。会社乗っ取りではないか、とその対策に動いた。

買い占め株を放出させるため、その年の暮れ頃からジャパンラインの土屋研一社長が財界有力者を仲介に立て、三光汽船側と交渉を重ねた。

ジャパンラインは昭和四十七年六月からペーパーカンパニーである子会社亜細亜商船に資金を貸し付け、亜細亜会社名義で防戦買いに出た。が、およばず、その年の夏頃には、発行済株式の約四〇パーセントを三光汽船側の手中におさめられてしまった。交渉も不調に終わっていた。

最終的に三光汽船側の保有株は、昭和四十八年三月当時、ジャパンラインの発行済株式の約四二パーセントの約一億五千万株にも達していた。

一方、専務取締役で昭和四十八年七月十一日より代表取締役社長となる松永寿らジャパンラインの幹部は、昭和四十七年十月、経済評論家曽根啓介を通じて、水谷文一にこの問題の解決の協力を求めた。

協議した結果、この種の紛争解決に定評のある児玉に協力を求めるほかないと決まった。

水谷文一は、じつは、上海の児玉機関の一員で、軍との交渉にあたっていた。昭和二十七年から三十二年にかけて、東洋精糖に勤務していた。その当時の横井英樹による株式の買い占めと乗っ取り事件の経験から、東洋精糖側について横井から守った児玉の力を知っていた。

水谷は、さっそく児玉の秘書の太刀川恒夫と連絡をとった。十月末、土屋、土岐廣副社長、松永、曽根とともに児玉を訪ねた。児玉に、事件の経過を説明し、依頼した。

「調停に乗り出してほしい」

が、児玉は、即答を避けた。

その年十一月八日、児玉に着手金一億円を支払って再度依頼することになった。水谷がジャパンラインの用意した現金一億円を児玉邸に持っていき、児玉に手渡した。遅れて到着した土屋ら四人とともに、児玉に重ねて調停に乗り出してもらうよう頼んだ。

児玉は、ようやく引き受けた。

児玉は、土屋から、調停乗り出しについて、その年十二月二十日付の委任状を受け取った。その際、ロッキード社からカネを受け取るときとおなじく、その収入金を秘匿することにした。ジャパンライン側から、わざわざ「特に貴意に因り一銭たりとも謝礼もしくは報酬の類を差上げざることを前提として引受けていただいたものである」との覚書を受け取っている。

児玉は、調停工作を引き受けたのち、みずから直接三光汽船側との交渉に入った。

デパートそごうの水島廣雄社長にも、仲介を依頼して交渉にあたらせた。

その結果、昭和四十八年四月二十一日、三光汽船側は、その保有するジャパンライン株式のうち一億四千万株を、一株あたり三百八十円で放出することにした。その放出先については、ジャパンラインが協力して、その年五月三十一日までに売買を完了させることとした。以後、両社は友好関係を確立して、業務について提携するとの協定に達した。

五月三十一日、ジャパンラインは、その協力会社に一億四千万株のはめ込みを完了した。

三光汽船問題は、ようやく二年越しの解決をみたわけである。

児玉は、その解決に動いた謝礼として、ジャパンラインから、昭和四十八年六月に四百万円相当の純金の茶釜、その年十二月二十八日に、現金一億円を受け取った。さらにその日、別に百万円を受け取っている。その年十二月中旬には、さらに一千六百万円相当の東山魁夷の絵「緑汀」を受け取っている。計一億二千万円にものぼる。

ジャパンラインは、さらにその年十月二日、築地の料亭「金田中」に関係者を招待して謝恩会を開催している。児玉には、感謝状と、一千万円の小切手を贈った。が、児玉は、ことさら謝礼金を受け取らないとの建て前を通すためか、小切手については、「しかるべき団体へ寄付要請してほしい」と、その場で返したという。

なお、それらの児玉への現金や絵の代金は、松永、土岐らが協議して、エスセレンテ保有のジャパンライン株を水谷にひそかに運用させて差益をあげ、その資金から簿外で支払ったという。

ただし、児玉は、三光汽船問題を調停するにあたり、野村證券の瀬川美能留会長に、証券業者としての意見を求めている。そごうの水島会長に対しては、三光汽船がジャパンライン株式を放出させる際の買取価格の決定などを依頼している。その謝礼として、二人に、なんと戦時中に児玉機関が取得していたというダイヤモンドの指輪を贈呈している。児玉は、かつて「児玉機関のダイヤモンドは日銀の地下室にある」と大森実との対談で語っていたが、それらはたしかに存在していたのである。

水島には、二十カラットのブルーダイヤモンドの指輪を贈っている。児玉が戦前に手に入れたときの価格は、三十万円くらい。水島に贈ったときの時価は、香取宝飾店香取栄一の鑑定によると、一億円はするという。なお、日本には、二十カラットを超える大粒のブルーダイヤは、二つか三つしかないという。瀬川には、五カラットのホワイトダイヤを贈っている。戦前は一万七千五百円。贈ったときいる。

の時価は、一千百万円はするという。

児玉は、このように野村證券の瀬川会長と親しかったこともあり、逆に野村證券から、毎年継続的に中元として二百万円、歳暮として三百万円の贈与を受けている。

「児玉が台糖側についていることを、公表してもよい」

製糖メーカーの台糖は、昭和三十九年から、横井英樹に株式買い占めを受けていた。昭和四十八年までに、横井の株式数は一千四百万株で、発行済株式数の三四パーセントに達し、個人筆頭株主となっていた。その発言力たるや、絶大であった。

横井は、この株を背景に、台糖の経営や人事に介入し、次々に要求を出した。

「キューバ糖の輸送は、おれの会社である東洋郵船にやらせろ」

「おれがもっている八戸の山を、ゴルフ用地に買え」

「茅ヶ崎のパシフィックホテルを買収し、経営を任せろ」

その要求に反対した専務の海江田八郎は、昭和四十八年五月の総会で常任監査役に追いやられた。台糖側は、つねにその対策に苦慮していた。

台糖側は、昭和四十九年三月一日、横井の所有株中五百万株が、大阪証券信用から担保流れとなってこれを株の買い占め事件にしばしば登場する河合大介が買い取ったことを知った。この五百万株を入手できれば、横井の影響力は大幅に低下し、台糖への介入もできなくなる。河合の買い取り株を、台糖が譲り受けることとなった。台糖は、これを、関連会社の東食に二百万株、三和企業に三百万株、と分けてはめ込んだ。

これに対して、横井は、当初台糖の武智勝社長、佐藤岩己専務、江戸又次常務らに対し、要求していた。

「五百万株は、詐欺横領被害にあったものだ。名義書き換えの請求が出ても、これに応じないように」

が、台糖の東食らへのはめ込み完了後は、横井は、「五百万株を関連会社にはめ込むのは、自社株の取得ではないか」と警視庁に告訴した。また、「五百万株は、あくまで贓品故買にすぎない」と脅しめいた主張をした。

台糖は、役員に危害がおよぶことを恐れて、警備保障会社にボディーガードを依頼した。

ついには、武智の発案で児玉に支援を依頼することとなった。

その月下旬、武智、江戸が児玉事務所に児玉を訪ね、この問題の解決を依頼した。

児玉は、じつは、武智の訪問を受ける数日前に、横井の訪問を受けていた。横井は、児玉に依頼した。

「台糖から自分の保有株五百万株を強奪されたので、取り返してもらいたい」

が、児玉は、横井に即答を避けた。秘書の太刀川恒夫（のち東京スポーツ新聞社社長）に調査させたところ、横井の言い分は通らないことがわかった。横井の依頼をはねつけていた。

児玉は、武智の依頼を快諾した。

その年四月、児玉は、秘書の太刀川を通じて、台糖側に申し入れた。

「熱海観光道路株十六万五千株を、一株三千円以上で買い取ってもらいたい」

熱海観光道路は、児玉と親しい北海道炭礦汽船の萩原吉太郎社長が経営していた欠損つづきの会社であった。萩原に頼まれ、児玉は、保有していてもなんら価値のない株十六万五千株の買い取りを、ほとんど一株五百円で引き受けていた。

太刀川と江戸のあいだで話し合った結果、児玉が、台糖を支援することに対する謝礼の意味をふくめて、台糖は、一株三千二百六十円で買い取ることに決めた。

児玉が萩原から買い取った約六倍の価格である。その年五月十五日、その取引がおこなわれた。台糖振り出しの小切手五億三千七百九十万円が、児玉に支払われた。児玉は、五億三千七百九十万円から時価の八千二百五十万円を引いた四億五千五百四十万円を受け取った。

児玉は、保有していてもなんら価値のない熱海観光道路株を台糖に譲渡し、その代金名義で巨額な謝礼を得たわけである。台糖には、業種のまったく違う熱海観光道路と業務提携するメリットはない。台糖は、児玉に巨額なカネを払ったため、のちのち、経営に苦しむことになる。

なお、その年五月二十八日開催された株主総会は、横井一派が騒いで、武智が負傷するという事件が起こった。そのため流会となった。

その報告を受けた児玉は、武智にいった。

「児玉が台糖側についていることを、公表してもよい。次の総会には、特殊警備員を使って警備する」

その結果、その年六月二十二日開催された総会は、無事終了している。

秘書・太刀川恒夫が動く

昭和石油は、石油ワックスの総合メーカー日本精鑞《せいろう》の株式を五五パーセント所有し、子会社として支配していた。が、昭和石油社長永山時雄と日本精鑞社長矢飼督之は、かねてから対立していた。じつは、矢飼は、かつて昭和石油の専務であった。矢飼は、昭和石油の持ち株を他へ売却させて、昭和石油の支配からの脱出を策した。平和生命の武元忠義社長を介して、児玉に永山との交渉を依頼した。

児玉は、これを引き受けた。秘書の太刀川恒夫をその交渉にあたらせることにした。児玉は、その報酬として、昭和四十八年十一月十六日、矢飼から太刀川を介して、現金二千万円を受け取った。

昭和四十九年八月、太刀川は、昭和石油の所有する日本精鑞株を、ジャパンラインに売却させた。

上海で児玉機関の一員であった水谷文一は、前述したように一時期東洋精糖に勤務していた。その当時の横井英樹による「東洋精糖乗っ取り事件」、その後の「台糖株買い占め事件」の経験などから、かねがね固い信念を抱いていた。

「横井を、経済界から追放しなければならない」

昭和四十九年春、横井は、大阪証券取引所に二部上場している京都の山科精工所の発行済株式総数の二〇パーセント余を買い占めて、山科精工所の代表取締役に就任。独裁的に会社を経営していた。

水谷は、当面の目標を、山科精工所の株式を買い占めて乗り込み、横井の代表権を奪うことに置いた。

水谷は、その年三月下旬、児玉を訪ねた。支援を依頼し、その謝礼として、児玉に現金五千万円を贈った。

水谷は、その後、三光汽船の買い占めを防ぐためにひと肌脱いだジャパンラインに、資金援助を仰いだ。

その年四月頃から五十年十二月頃までのあいだに、山科精工所の株四百十万株を買い集めた。さらに、山科精工所の他の役員と会合するなどして運動を開始した。が、ロッキード事件で児玉が逮捕され、みずからも別件で逮捕されたため、目的を遂げることはなかった。

児玉は、殖産住宅相互の代表取締役であった東郷民安から、東証二部上場後の初の総会対策を依頼された。その謝礼として、東郷から総会の当日である昭和四十八年五月二十八日に会社の株式二万株を受け取った。その日の東証終値は、一株一千七十円であった。

児玉は、当時、社内の反対派から社長退陣の勧告書を突きつけられていた東郷を、児玉の右腕である岡村吾一に引き合わせた。株主総会に出席させ、総会を無事終了させた。ただし、東郷は、この総会で取締役会長になる。

東郷は、その後、昭和四十八年六月十三日に所得税法違反で逮捕・勾留された。そのため会長を辞任し、取締役となった。が、取締役会は、さらに、東郷に、取締役の辞任を求めていた。

昭和五十年五月の株主総会では、会社側は東郷を取締役に再任しないとの方針を打ち出し、児玉に協力を求めた。

児玉は、今度は会社の方針にのっとり、秘書の太刀川を東郷と交渉させた。児玉は、その謝礼として、殖産住宅から昭和五十年三月二十八日に、一個四百五十万円のパテック懐中時計「海からあがる馬」と、その年十月二十七日、現金五百万円を受け取っている。

児玉は、東郷を守って東郷からカネを受け取り、次に反東郷の会社側につき、また会社側からカネを受け取っている。

「児玉はいったいロッキードで何をしたのか」

昭和五十一年（一九七六年）二月六日（現地時間）、アメリカ上院外交委員会多国籍企業小委員会（チャーチ委員会）の公聴会で、昭和五十年からロッキード社の副会長となっていたコーチャンが、爆弾証言をした。

チャーチ　ロッキード社は、一九七二年に児玉に二百二十四万ドル（約六億七千万円）もやっている。児玉はいったいロッキードで何をしたのか。彼はあなたを、小佐野に紹介したのか。

コーチャン　そうです。

チャーチ　小佐野とはだれか。

コーチャン　日本で非常に影響力のある人物です。

チャーチ　その小佐野は、ロッキード社のためにどんなことをしてくれたか。

コーチャン　児玉氏の紹介をしてくれた小佐野氏は、われわれの売り込み戦略、どこへ行ってだれと会えばよいかといったようなことで、非常に助けてくれた。

チャーチ　小佐野にも金を払ったのか。

コーチャン　いいえ。

チャーチ　児玉にいった七百万ドル（約二十一億円）のうち、いくらを児玉は小佐野に支払ったと思うか。

コーチャン　はっきりとはわからないが、そのようなことがあったかもしれない。わたしは、あったと思います。

この公聴会の模様は、衛星中継で日本のテレビでも同時放送され、蜂の巣をついたような騒ぎとなってしまった。

児玉を守る稲川聖城

戦後最大の疑獄事件といわれたロッキード事件で児玉誉士夫の名があがったとき、稲川会総裁になっていた聖城は、いの一番に児玉邸に駆けつけたい思いにかられた。稲川にとって、ロッキード事件と児玉とのかかわりは、まったく寝耳に水であった。

稲川は、稲川会本部の奥の会長室で、理事長の石井進とともども見舞いにいくべきかどうか、迷っていた。世田谷区等々力の児玉邸に押しかけては、マスコミの餌食になる。

〈おれは、ヤクザ者だ〉

そのおれが、このような事件のさなかに真っ先に児玉邸にいけば、マスコミは、児玉とおれとの関係をまるで鬼の首でも取ったように書きたてるにちがいない。児玉にとって、不利な展開になることになる。

〈おれが見舞いにいかないほうが、かえって親孝行になる〉

稲川は、事件のほとぼりが冷めるまで、児玉邸には顔を出すまい、と心に決めた。

ただし、稲川は、児玉邸に電話を入れた。秘書の太刀川恒夫が出た。稲川が昭和三十五年の六〇年安保の後、児玉邸に単身乗り込んだとき、案内したのが秘書の太刀川だった。

当時は新入りの秘書であった。昭和三十八年から四十一年までの四年間は、のちに総理大臣になる中曾根康弘の秘書として修業し、この当時はふたたび児玉の秘書に戻っていた。

太刀川が児玉に稲川の名を告げると、児玉がすぐにかわって電話に出た。

稲川は、児玉の体の心配をまずし、元気であることを確認すると、児玉にいった。

「オヤジ、世間でオヤジのことをどういおうと、おれは、オヤジを信じています」

稲川は、児玉とは稼業がちがっていた。雲の上でおこなわれている政治の世界のことは、まったくわからなかった。ただ、政治には裏の裏があることはわかっていた。単純にとらえることのできない複雑な世界であることもわかっていた。

児玉は、少し気分の晴れたような声でいった。

「稲川君、心配かけてすまないね……」

稲川は、児玉にいった。

「オヤジ、おれにできることがあれば、何でもいってください」

これからも、児玉の命をねらう者がいるかもしれなかった。稲川は、児玉にどういうことが起ころうと、体を懸けても守るつもりであった。

「稲川君、本当にありがとう」

稲川は、電話を切るなり、石井に命じた。

「オヤジも、これからは何かと大変だろう。毎週、日を決めて、必ずオヤジのところに何か届けろ」

児玉邸につめている十人近い若い衆たちや、弁護士たちの食糧だって大変なものである。稲川は、この週から毎週土曜日、欠かさず児玉邸に肉や魚を届けた。

児玉の命をねらっているのは、右翼に限らず、博打打ちのなかにもたくさんいた。しかし、「児玉に手を出せば、稲川さんが黙っちゃいない」ということで、一切手を出せなかった。稲川会は、いわば〝無言の圧力〟で児玉を守りつづけたわけである。

窮地に立たされる中曾根とナベツネ

ロッキード事件が起こった。中曾根康弘は、「灰色高官」として窮地に立たされた。「児玉とは、思われているほどつながりが深くはない」としきりに弁明した。そこに、緒方克行の『権力の陰謀』が出版された。時期が時期だけに、中曾根も頭を抱えこんでしまった。

児玉とのつながりを、ここまで細かく暴かれては、弁解がしらじらしくなってしまう。

それでも中曾根は、弁解した。

「緒方に会ったことはない」

『権力の陰謀』に実名で登場した読売新聞の渡辺恒雄は、氏家斉一郎とともに新聞記者として苦しい立場に立たされた。ロッキード事件で児玉を追及する立場にある側の社の政治部長が、児玉の盟友というのでは格好がつかない。

読売とライバル関係にある朝日新聞社の「週刊朝日」でも「これが黒幕・児玉誉士夫の手口だ――『高官』実名入り手記『権力の陰謀』が明かすその実態」というタイトルで、まるで鬼の首でも取ったように五ページにもわたった大特集を組んだ。

読売新聞社会部の若手記者が、語る。

「ロッキードの取材で児玉について取材にいくと、たびたびいわれるんですよ。『わたしなんかに聞くよりは、おたくのアノ人にお聞きになってはどうですか。アノ人が、だれよりもいちばん児玉について知っていますよ』まるで取材にならないので、社会部として、一度渡辺政治部長に事情を聞く会をもうけようか、という声もあがったほどです。しかもロッキード事件にからみ、読売新聞社長で代議士であった正力松太郎はCIAだ、というような記事も出ていたので、社としてもいっそう慎重になり、結局立ち消えになってしまいました」

渡辺は、当時『週刊読売』に「水爆時評」というコラムを執筆していたが、その中で二回にわたって、児玉との関係について、釈明した。

「怪物とか、黒幕といった存在も、日ごろ敬遠していたんでは、ニュースはとれない」

「取材対象には肉迫するが、主体的批判能力を失わないこと。これが、新聞記者という職業の原則である」

ロッキード事件で、窮地に立たされた中曾根と渡辺は、嵐が過ぎると、勢いを盛り返す。

「児玉即右翼ではない」

ロッキード事件で、児玉の名前が挙がると、左翼団体、組合関係者、それどころか、右翼の街宣車までもが、児玉邸のまわりで児玉を攻め立てた。とくに愛国党の赤尾敏は、児玉をもっとも批判した。二月十四日に、愛国者緊急時局懇談会をひらき、児玉を糾弾した。

そして「児玉即右翼ではない」との声明を発表した。さらに、渡米までして、日本には児玉のほかにも「進歩的愛国勢力」があることを主張した。

だが、児玉系の青年思想研究会（青思会）の人たちは、児玉はそのような大金を見たこともなかったと聞いている。リベートとして、年間五千万円ずつ四年間もらったこともないという。だが、その受け取ったリベートも、池上本門寺に戦没者の墓碑を建てるという河野一郎に五千万円まるまる渡したりして、児玉の所得にはなっていないと聞いている。

昭和五十一年二月十六日午前十時から、衆議院予算委員会でロッキード事件の証人喚問がおこなわれた。事件の主役である田中角栄と刎頸の友、小佐野賢治の登場とあって、傍聴席はぎっしりと埋まり、テレビ、新聞のカメラの放列がひしめいた。

小佐野は、各党の質問者に対して、弁護士との打ち合わせどおりの方針で臨んだ。

小佐野は、民社党の永末英一の質問にも、たじたじとなった。

「しかるべき人の紹介がなければ、コーチャン氏と会うことはないと思うが、それは児玉氏か」

第二次証人喚問に出頭することになっている児玉誉士夫の名をあげてきた。

「児玉氏とは会いません」

「児玉氏でなければ、だれか」

「記憶にございません」

「あなたの頭のなかにあるはずだ」

「児玉氏とは会わない。いまの人は、まったく記憶にございません」

「児玉氏でないというと、心理上は記憶があるということになる」

「児玉先生ではない。まったく記憶にございません」

「答弁は、きわめて不満足だ」

永末は、吐き捨てた。

こうして一貫して「記憶にない」を貫き、この言葉は流行語にすらなった。

児玉は、その後、二月二十七日、容態が悪化して倒れた。世田谷区等々力にある児玉邸の家人が救急車を呼んだ。ところが、児玉を乗せた救急車が児玉邸を出ようとしたところ、報道陣が、いっせいに取り囲んだ。救急車は立ち往生した。それどころか、まわりのカメラマンたちは、われ先にと、救急車内の児玉の様子を撮ろうとする。車体も叩かれ、大騒動になった。

この騒動を聞き知った青思会の高橋正義議長は、青思会会員に号令した。

「邸内で、児玉先生の警護をするように」

児玉は、それまで、青思会の人たちすらいっさい邸内に入れなかった。

しかし、これから何が起こるかわからない。児玉に師事する者たちが、代わる代わる児玉邸に詰めることになった。当初は、日乃丸青年隊、青思会の大幹部が泊まっていた。だが、幹部クラスは、さすがに多忙の身である。一昼夜を児玉邸で過ごすわけにはいかなかった。そこで、若手二人が一組となり、午前十時から翌日の午前十時までの丸一日、児玉邸に詰めることになった。

青思会の高野八郎も、世田谷区にある児玉邸に警備として入ることになった。

児玉邸には、伊藤栄樹東京地検検事が取り調べに訪れた。取り調べらしい取り調べはほとんどなかった。ありきたりのことを訊いているだけで、あとは、日常会話を交わすだけであった。

東京地検特捜部の松田昇検事も、定期的に児玉邸を訪れた。初めてきた頃には、さすがに緊張しきっていた。床についている児玉と簡単な取り調べをするうちに、打ち解けた。

二度、三度と通ううちに、リラックスした。

日商岩井副社長の海部八郎が、突然児玉邸を訪れたことがあった。青思会の人たちには、何を話したかはわからなかった。海部は、のちにロッキードと同様の航空機売り込み疑惑である「ダグラス・グラマン事件」で逮捕される。

黒幕と恐れられた男の一面

高野が児玉邸に詰めていたある日、見知らぬ老婆が児玉邸を訪れた。

「よっちゃん、元気？」

「はあ……」

いきなり「よっちゃん」といわれ、高野は、一瞬とまどった。いったいだれのことか、わからなかったのである。

〈まさか、よっちゃんというのは……〉

高野の脳裏には、児玉誉士夫の顔が浮かんだ。「よしお」ゆえに、「よっちゃん」ではないか。それにしても、児玉を「よっちゃん」よばわりするその老婆は、いったいだれなのか。

高野は、古くから児玉邸につとめるお手伝いさんに、不可解な老婆が訪れたことを伝えた。

「玄関に、『よっちゃん、元気？』と訪ねてきたおばあさんがいますよ」

「いったい、どなたかしら」

お手伝いさんも、首をひねった。

高野は、お手伝いさんの後を追って、ふたたび玄関に出かけた。

お手伝いさんは、老婆の顔を見るなり、歓喜の声をあげた。

「これはこれは、奥さん！　ご無沙汰ばかりしています」

よほど児玉にとって近しい存在にちがいない。ていねいなあいさつを交わしたあと、急いで二階に上がっていった。児玉のもとに上がっていったのである。

お手伝いさんが上がっていってほどなく、今度は、階段を駆け降りる音が響いた。先ほど上がったお手伝いさんよりもあわてた、いまにも転がり落ちそうな足音であった。

「ああ、これは奥さん、これはどうも。どうぞどうぞ……」

そんなあわてて人を迎える児玉を、高野は初めて見た。児玉は、その老婆を二階へとあげた。高野は、古株のお手伝いさんに、後で聞かされた。老婆は、大西滝治郎の未亡人であった。児玉は、一時期、大西の未亡人を、児玉邸の敷地内にある離れに住まわせていた。

高野は、児玉の情の深さに触れた気がした。

高野は、児玉邸に詰めることで、児玉の意外な一面に接することになる。

児玉は、たびたび草むしりをしていた。セーターにズボンを着て、麦わら帽子をかぶる、そこらへんにいる老人と変わらぬ姿で、朝からはじめて、ほとんど一日庭に出ていた。

午後三時頃になると、「お茶でも飲もうか」と高野らを誘って、一階の応接間に上がる。児玉は、いかつい顔に微笑みを浮かべながら、一人ひとりに訊く。

「きみは、何を飲むか。日本茶か、コーヒーか、紅茶か」

高野は、高級品のコーヒーを頼むことはさすがにできなかった。

「日本茶をいただきます」

児玉は、そのいかつい顔に似合わず、高野らに気をつかった。

「煙草は、吸うのか」

「いえ、吸いません」

高野は、すぐに答える。じつは、ショートピースをたてつづけに吸うヘビースモーカーであった。だが、児玉邸に詰めるときには、煙草を持ちこんではいけないと自分で自分をいましめていた。

児玉は、お見通しで、にやりとしながらいう。

「本当は、吸うんだろ」

そういいながら、つづけた。

「ちょっと、待ってくれ」

応接間の一角にある棚の引き戸を、開けた。

「ここに、もらった煙草があるんだ」

棚には、いくつもの煙草がおさめてある。銘柄を見るだけで、生唾が出そうなほどに高級な煙草である。

児玉はいくつかを手に取り、にやにやとした。

「みんな、毛唐の煙草ばっかりだな」

「じつは、みんな、日本の煙草です」と喉まで出かかったが、グッとこらえた。

児玉が手にしているのは、銘柄こそカタカナやアルファベットで書かれていたが、すべて専売公社（のちのＪＴ）が発売している煙草ばかりであった。児玉は、横文字の銘柄はすべて、アメリカやヨーロッパなどからの輸入品だと思いこんでいたらしい。

児玉は、いくつかを、高野らに渡した。

「毛唐の煙草だけども、吸いなさい」

児玉は、にやにやした。

「おれも止められているのだけど、内緒だぞ？」

児玉も、いっしょに吸った。

高野が、朝、庭を掃いていると、一階の仏間から読経する児玉の声が聞こえてきた。読経の後には、仏壇に向かって、これまでの人生で知り合った人、世話になった人を思い出して、その名前をすべて諳じていた。

ある日、午後のお茶の時間、児玉がぼそりと漏らしていた。

「今日は、どうしても、一人思い出せなかった。だから、もう一度やり直した」

そういったかと思うと、つづけた。

「いいか、人間は豪語するものではないぞ。恐いものは恐い、といいなさい」

「はい」

「おれが満州にいたころ、そばに焼夷弾が落ちた。おれとしたことが、たまげて腰を抜かしてしまった。起きるに起きれなくなってしまった。そのとき、児玉機関の部下がきて、引っ張って助けてくれた。その恩人ともいうべき、部下の名前を思い出せないんだ」

そんな児玉であるが、怒鳴ったときの目つきは、やはり右翼の大立者らしい凄味があった。あるとき、ステレオを聞こうと、児玉が、スイッチを入れた。その瞬間、大音響が響きわたった。息が止まりそうなほどの大音響であった。だれかが、まちがってボリュームを最大にしてしまったのである。

児玉は、スイッチを切った若者を呼びつけた。

「こんなに音量をあげて、おどろくじゃないか！」

そのときの、睨み据える目つきは凄味があった。

児玉は、一度政治談義をはじめると、顔つきが変わった。まさに動乱をくぐり抜けた歴史の証人の顔があらわれた。

〝国賊〟へのセスナ機特攻

児玉邸に警備で詰めている青思会の市村清彦は、昭和五十一年三月二十三日午前十時前、いつものように児玉邸近くのバス停でバスを降りた。いつもは閑静な高級住宅街である等々力の街中は、異様なほどに騒然としていた。空にはセスナが飛び回り、道には消防のホースが道に伸びていた。

〈これは、非常事態だ……〉

市村の足は自然と歩みを速めた。気づくと、駆け足になった。

児玉邸の近くまできて、愕然とした。やはり、児玉邸であった。児玉邸のまわりには縄が張りめぐらされ、機動隊員が、屋敷にだれも近寄れないように見張っている。

市村は、機動隊員にいった。

「わたしは、この児玉邸の関係者なんです。なかに、入れてもらえませんか」

「ここは、立入禁止だ」

機動隊員は、市村が何度頭を下げようともまったく取り合おうとはしない。

市村は、児玉のことが心配なあまり、機動隊員に掴みかかった。市村には、いっせいにほかの機動隊員が群がってきた。

「ちくしょう、入れろってんだ！」

機動隊員たちと、もみ合いになった。

あまりにも騒々しいので、邸内にいた児玉の秘書が飛び出してきた。もみ合っている中心に、市村がいるのを見て、機動隊員に「あの人は、関係者だから」といった。市村は、秘書のおかげで児玉邸に入ることができた。

児玉邸正門から見える、鉄筋二階の東に突き出ているサンルームの屋根が約五メートルにわたって陥没し、鉄製のアコーディオン・カーテンは約三メートルにわたってぱっくりと穴があいていた。

その下に、何かが紙のようによじれていた。それは児玉邸に突っ込んだセスナの右翼だった。操縦席で黒く焦げているのは、どうやら、操縦して突っ込んできた操縦者であった。まるで、火事場のマネキンのようであった。後で知ることになるのだが、突っ込んだのは前野光保という二十九歳の青年であった。

前野は日活ロマンポルノを中心に出演する俳優であった。前年十一月に配給された「東京エマニエル夫人の個人教授」では、操縦士の免許を生かしてパイロット役として出演した。その一方で、禅研究者の鈴木大拙、作家の三島由紀夫に心酔していた。家宅捜索された渋谷区笹塚のマンションの七階にある前野の住まいには、書籍のぎっしりと詰まった本棚があった。ヘッセの詩集、野坂昭如、井上靖、司馬遼太郎らの小説、哲学書、航空学関係の書が並んでいた。児玉の書いた『悪政・銃声・乱世』、三島由紀夫が書いた『金閣寺』『潮騒』など五冊の小説もあったという。実家では、ＮＨＫテレビで「君が代」が流れると直立不動で聞き入っていた。いっしょに見ている父親にも、起立するように求めた。

前野は、じつは、昭和五十年秋に、銀座のバーで児玉を紹介された。それから、児玉には惚れ込んでいた。

「児玉という人は、学校はろくに出ていないが、肚の座った、立派な人物だ」

だが、ロッキード事件に児玉がかかわっていたことが明るみになると、憤慨するようになった。

「お父さんみたいに中小企業の人は一生懸命に働いても貧乏しているのに、児玉のように、楽をして儲けている者もいる」

児玉に、「裏切られた」との思いが強かったという。

前野は、その日の午前八時五十分、パイパーPA28－3－140型機を操縦し、カメラマンを乗せた別のセスナとともに調布飛行場を離陸した。新宿上空三千メートルで、前野の乗るセスナの撮影をおこなった。

三十分ほどの撮影の後、前野は、「世田谷のほうに用事がある」と、カメラマンらの乗るセスナと分かれた。

前野が操縦するセスナは、午前九時五十分頃、児玉邸の上空にあった。何度か旋回した後、「天皇陛下万歳！」の雄叫びとともに、児玉邸に向けて突っ込んだ。セスナのねらいは、南面のベランダに面した児玉の寝室であった。しかし、児玉邸には、大きな「しろのき」、いわゆる、白檜曾が立っていた。そこに機体が引っかかった。目標がずれてしまった。一本の「しろのき」が、児玉を救った。

前野が児玉邸に突っ込んだときには、児玉は、二階の病室で寝ていた。しかし、秘書の太刀川恒夫に背負われて、二階の仏間に避難した。ケガはなかった。

稲川聖城は、児玉邸にセスナが突入した報らせを聞くや、石井進理事長をすぐに児玉邸に走らせた。

石井理事長は、屋敷の外で、義人党の高橋義人に児玉の安否を聞き、無事を聞いて、安心して引き揚げた。

「日本も、捨てたものじゃない」

児玉邸は半焼し、屋敷内も、消防車の放水で水浸しとなっていた。児玉邸には、さまざまな高価な書画が掲げてあった。それらが、灰塵と化したり、水がかかってボロボロになった。

市村清彦が肩を落としたのは、幕末の水戸藩士で尊皇攘夷論者である藤田東湖の「正気歌」の書もまた焼けてしまった。その書は、市村らが屋敷内を清掃しながら諳じていた。それほど、心に刻まれていた。市村から見て、前野光保は、マスコミの歪曲された報道にかなり影響されていた。

だが、身を挺してまでも何かを糺そうとする前野の姿勢は、市村の胸を激しく打った。市村は、その夜、いっしょの当番の者と二人で、セスナの墜落した場所へと向かった。先輩たちに見つかれば、どのような処罰を受けるかわからない。こっそりと、前野に黙禱を捧げ、線香をたむけた。その翌日も、市村は、黙禱を捧げようと庭先に出た。おどろいた。セスナが墜落したその場所に、なんと祭壇が供えられていたのである。

児玉が、前野を偲んで供えさせたものだった。

市村に、あらためて児玉の心の広さが滲み入った。

〈さすがは、児玉先生だ。自分の命を奪おうとした者でも、憂国の士であれば認めることができるのだな〉

児玉は、事件から数日後、高野や市村に語った。

「日本も、捨てたものじゃない」

さらにつづけた。

「ロッキード関連の報道を見て義憤を抱き、おれが悪いということで、怒りをもって突っ込んでくる。その魂は、たいしたものだ」

三島由紀夫が昭和四十五年十一月二十五日、彼の主宰する楯の会会員四人を率いて、東京・市谷の陸上自衛隊総監部を訪れ、バルコニーで演説した後、総監室で割腹自殺した。

隊員森田必勝が介錯した。また、森田も三島の隣で切腹した。

児玉は、そのとき、テレビに出演し反省の言葉を口にしていた。

「自分は三島君に恥じなければならぬ。愛国運動四十年間に、自分は一人の死士も養い得なかったが、三島君は四人の青年を死の現場にともなった」

うたかたの栄華

ロッキード事件では、児玉らがつぎつぎと追い込まれていった。児玉誉士夫が、昭和五十一年三月十三日には、八億五千万円の脱税容疑で、東京地検から起訴された。全日空社長の若狭得治が、六月十八日には、議院証言法違反で衆議院予算委員会から告発された。

そして、ついに、七月二十七日、田中角栄が、ロッキード社から五億円を受領したとする外国為替及び外国貿易管理法（外為法）違反で、東京地検に逮捕された。

ロッキード事件が起こってから、児玉邸にはまったくといっていいほど見舞い客が姿を見せなかった。小佐野賢治はおなじロッキード事件にからんでいるからまだしも、萩原吉太郎すら、まるで手のひらを返したように姿を見せなかった。

児玉の絶頂期の昭和四十四年十二月六日、東京のホテルオークラ平安の間で、児玉の作詞した「民族の歌」の発表会がひらかれた。岸信介元首相が祝辞を述べた。政界からは、中曾根康弘、財界からは、萩原吉太郎、野村證券の北裏喜一郎副社長、富士製鉄の永野重雄社長、朝日新聞の村山長挙社主、評論家の大宅壮一ら二千人を超える日本の実力者が集まった。しめて一億円の費用をかけたという。そのときの華やかさに比較すると、あまりにも寂しいではないか。

一方稲川会の稲川聖城は、翌昭和五十二年の三月、児玉の調べが一通り終了したと見るや、

〈もう、オヤジを見舞ってもいいだろう〉

と判断し、石井を連れ、児玉邸を訪ねた。

応接間に通され、児玉と秘書の太刀川、稲川、石井の四人でなごやかに話し合った。

児玉は、少し痩せたように見えたが、眼光は依然鋭かった。稲川の心のなかまで見とおすような視線であった。

稲川は、うれしそうにいった。

「オヤジ、案じていたより、はるかに元気そうじゃないですか。オヤジが元気で

さえいてくれれば、わたしはなによりうれしいんです」

児玉は、鋭い眼をなごめ、ありがとうよ……というようにうなずいた。

稲川は、児玉にあらためていった。

「オヤジ、口はばったいようですが、昔の稲川じゃないんです。これまでは迷惑をおかけしましたが、このへんで親孝行をしたいんです。何かあったら、何でもわたしにいってください」

児玉は、うれしそうに何度もうなずいた。

稲川は、かつて児玉誉士夫に世話になっていながら、今回の事件で手のひらを返すように去っていく者がいることを耳にしていた。

稲川は、思っていた。

〈オヤジ、おれは、一度結んだ契りは、自分の命のあるかぎり守ります〉

児玉が、病床にあるとき、定期的に電話をかけてきたのが、日本船舶振興会の笹川良一であった。

「児玉君は、元気かね」

児玉を「君」づけで呼ぶのは、笹川だけだった。

「おれは、真実を、いつかしゃべる」

児玉は、ロッキード事件に関しては、青思会の高野八郎にいっていた。

「きみたち、悪いな、新聞などで騒がれているが、真実はおれしか知らないんだ。読売も、毎日も、新聞はコーチャンから訊いた話を書いているだけだ。おれは、真実を、いつかしゃべる。そのときには、日本の政界や世論がひっくり返りぐしゃぐしゃになる。これは、自民党や社会党、共産党、全部の党に関係していることなんだ。おれが真実を知っていて黙っていれば、それですむことなんだ。ただし、きみたちには、本当に申し訳ない」

が、児玉は、ついに語ることなく、秘密を墓場まで持っていった。

児玉が世間に最後に姿を現わしたのは、昭和五十二年（一九七七年）六月二日、東京地裁七階七〇一号法廷でひらかれた初公判であった。

児玉は、日本の首領にふさわしく、黒の背広、右手に杖をつき悠然と廷内に入り、礼儀正しく深々と一礼している。

児玉の起訴事実は、ロッキード社からコンサルタント料十億二千八百五十万円を受け取りながら、所要の許可を受けなかった（外為法違反）と、総額十九億千九百五十万円を脱税した（所得税法違反）というものである。

児玉は、公判では、ロッキード社から受け取った金の一部六億円は認めたが、成功報酬については否認した。政界工作については、ついに証言しなかった。

結局、昭和五十六年三月の論告求刑では、懲役三年六ヵ月、罰金七億円が求刑された。

昭和五十六年十一月には、判決言い渡しがおこなわれることになっていたが、病気のため延期になったままとなる。

児玉は、昭和五十九年(一九八四年)一月十七日、ふたたび発作を起こし、世を去った。

通夜に駆けつけた稲川会の稲川聖城総裁は、遺体と対面した。

稲川によると、児玉は、じつに安らかないい顔をしていたという。なにしろ二十年を超すつきあいである。さすがに目頭が熱くなったという。

稲川は手を合わせながら、心のなかで児玉に語ったという。

「お互いに殺し合うこともなく、よくも最後までつきあえたもんだ……」

なお、ロッキード裁判は、児玉の死によって、公訴棄却となった。

児玉の死によって、P-3Cの売り込みや政界工作など密室でおこなわれていた疑惑は謎のまま残された。

笹川良一は、ロッキード事件と児玉のかかわりについて、『人類みな兄弟』の著書で書いている。

「児玉君が鷹揚すぎたと思うのは、外為法の知識がまるっきりなかったことだ。ロッキードの代理人をしていたのだから、報酬をもらってもかまわない。しかしそれを申告し、税金を払っていなければ、脱税になる。私は、児玉君に容疑がかかり始めたとき、本人に電話をして、今なら間に合うから、修正申告を出しておけといったのだが、税理士まかせでよく分からないという。

アメリカの小切手を日本国内でもらえば、それが外為法にひっかかるということさえ、引っ張られてはじめて知ったのである。こんなふうだから、児玉君は財産をほとんど残さなかったと思う。税金を払ったら、足りないくらいではないか。本当の悪人のようにいわれたが、おそらく悪い男だったら、財産をもっと残していただろう。名前を悪用されて自己の懐中に入っていないウソ領収書の税金まで差し押さえられ、遺族は困っている。児玉君の知らぬ領収書の金は、福田(太郎)君とアメリカ人が懐に入れていると私は信じている」

ロッキード事件で所得税法違反(脱税)などに問われた児玉は、東京・玉川税務署長を相手に「ロッキード社から受け取ったとされる成功報酬などを過大認定された」と課税処分取り消しを求めた行政訴訟を起こしていた。

児玉は、ロッキード社から全日空に対するトライスター売り込みの成功報酬、顧問料など十八億二千四百万円と国内関係分を合わせ総所得は三十一億九千二百万円、所得税額は二十二億六千四百万円とされ、加算税を含め約三十億円相当の財産が差し押さえられた。

児玉側は、ロッキード社顧問料の二億三千万円、国内関係分七億円の所得に限って脱税を認め、残りの二十二億六千二百万円（税額で十六億九千六百万円）については、受領を否定してきた。

その判決が、平成二年（一九九〇年）十月五日、東京地裁民事二部であった。宍戸達徳裁判長は「ロッキード社のコンサルタント契約書、領収書は真正に作成され、課税処分は適法」と、請求を棄却した。

かつて、政財界の大物たちが押しかけていた東京・世田谷区等々力の児玉邸は、ロッキード事件での税金の支払いのため売られ、現在は高級マンションが建っている。そこに不世出の歴史的怪物、児玉誉士夫の屋敷があったことすら、忘れ去られようとしている……。

大下栄治（おおした えいじ）
1944年、広島県に生まれる。68年3月、広島大学文学部仏文科卒業。70年、週刊文春の記者となる。記者時代「小説電通」（三一書房）を発表し、作家としてデビュー。さらに月刊文藝春秋に発表した「三越の女帝・竹久みちの野望と金脈」が反響を呼び、岡田社長退陣のきっかけとなった。83年、週刊文春を離れ、作家として政財官界から芸能、犯罪、社会問題まで幅広いジャンルで創作活動をつづけている。著書は『新総理 石破茂』（河出書房新社）、『政権交代秘録』（清談社Publico）、『ハマの帝王　横浜をつくった男　藤木幸夫』『任侠映画伝説　高倉健と鶴田浩二（上・下）』（以上、さくら舎）、『安倍晋三・昭恵　35年の春夏秋冬』（飛鳥新社）、『ショーケン　天才と狂気』（祥伝社）、『ダイエー中内㓛とダイソー矢野博文』『「政権奪取」　小沢一郎、三度目の挑戦』（以上、東峰書房）など、500冊以上にのぼる。

カバーデザイン／OKADESIGNOFFICE
カバー写真／毎日新聞社／アフロ
本文DTP／川瀬　誠
編集／橋詰久史、小野瑛里子

本書は2013年12月にイースト・プレスより刊行された
『児玉誉士夫　闇秘録』を改訂し、新原稿を加えて文庫化したものです。

宝島SUGOI文庫

児玉誉士夫　黒幕の昭和史
（こだまよしお　くろまくのしょうわし）

2025年2月19日　第1刷発行

著　者　大下英治
発行人　関川 誠
発行所　株式会社 宝島社
〒102-8388　東京都千代田区一番町25番地
電話：営業 03(3234)4621／編集 03(3239)0928
https://tkj.jp
印刷・製本　中央精版印刷株式会社

Printed in Japan
First Published 2013 by Eastpress
ISBN978-4-299-06493-6